人妻手記

こんな恥ずかしい私でもいいですか？

朝も昼も晩も……淫らで激しい

異常性愛に溺れた女たち

竹書房文庫

第一章

タブーの快感に溺れて

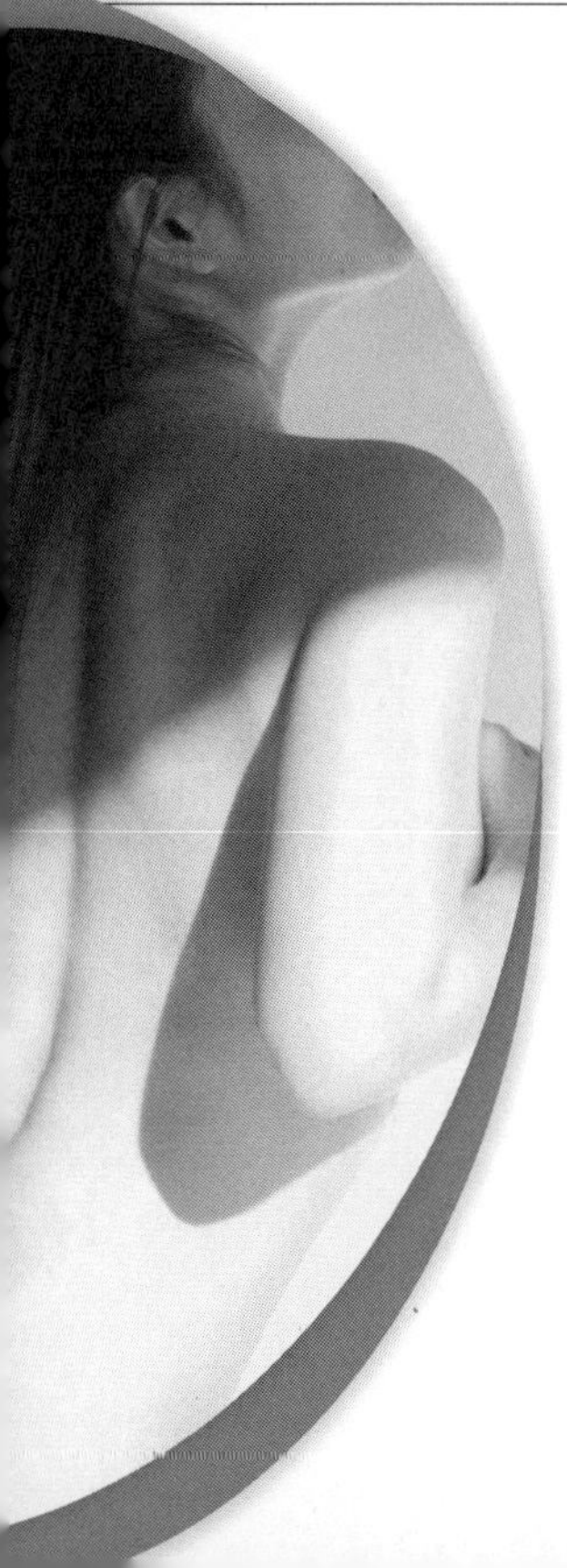

第二章　タブーの興奮に燃えて

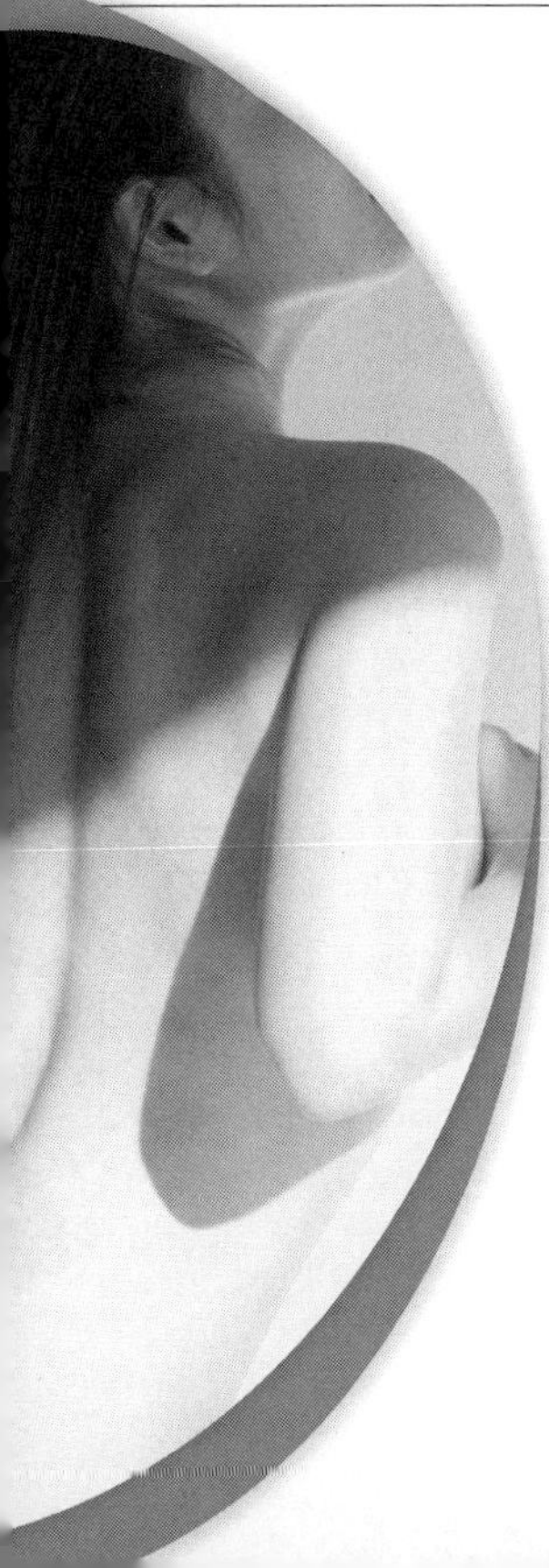

第三章　タブーの絶頂に蕩けて

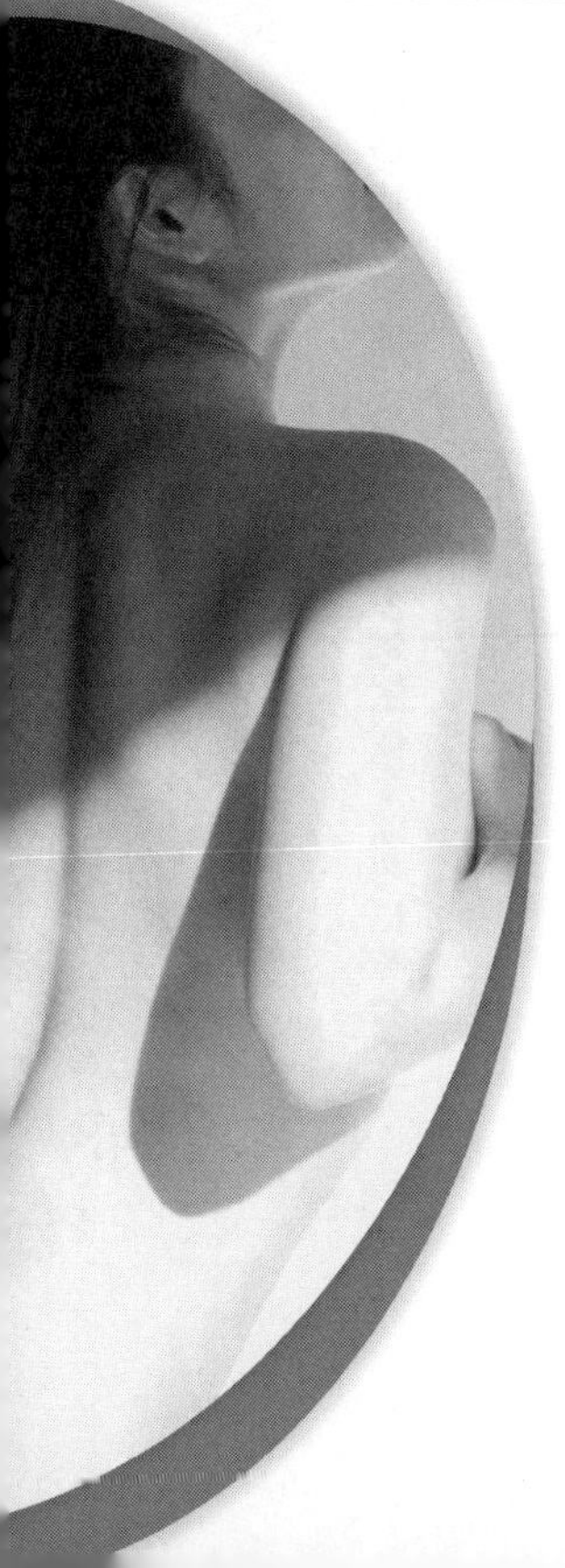

第四章 タブーの悦楽に酔って

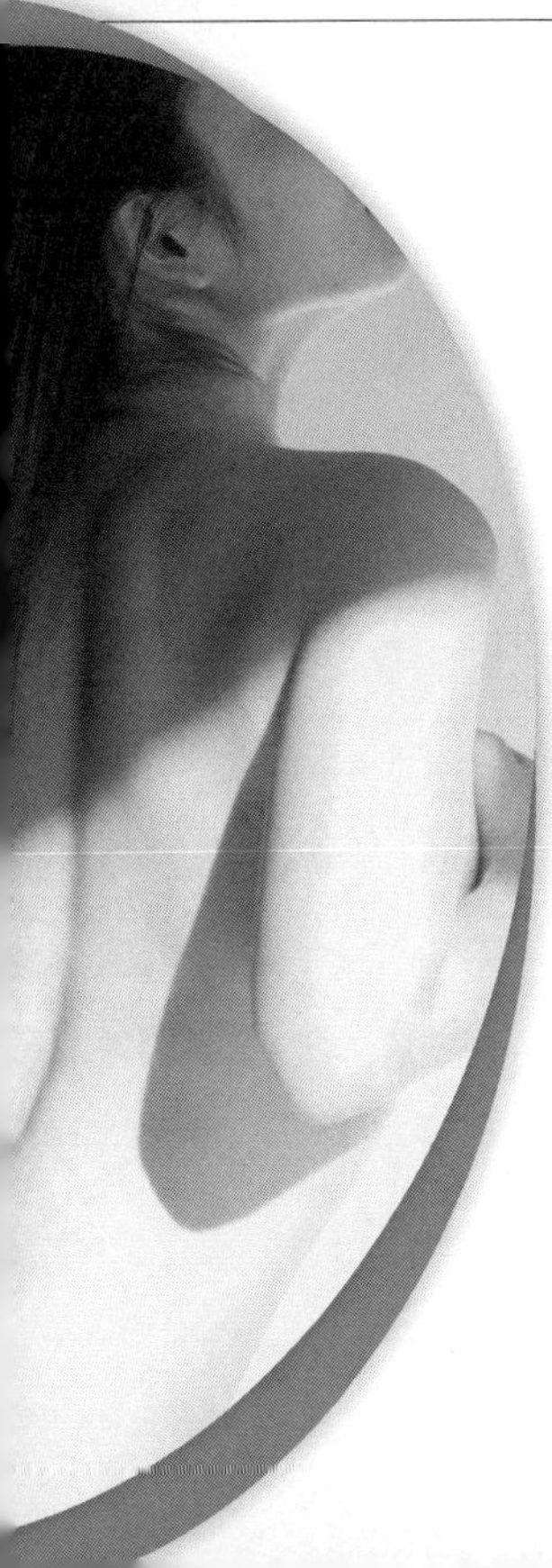

第一章

タブーの快感に溺れて

■エスカレートする二人同時のカイカン攻撃に翻弄され、私はただひたすら悶えて……

初めての乱交パーティーで未知の驚愕カイカン爆発！

投稿者 三田村舞（仮名）／32歳／専業主婦

主人に誘われたとき、私、最初「いやだ」って言ったんです。

「乱交パーティーなんてそんな……！」

でも、主人はしつこく食い下がってきました。

「大丈夫だって。参加するメンバーは皆、身元のしっかりした信頼できる人たちだし、セーフティSEXが鉄則、もちろん病気の心配もない。おまえいつも言ってるじゃないか、最近セックスが感じない、もっと刺激的なプレイがしてみたい、って」

「だからっていきなり乱交パーティーだなんて！」

「だってしょうがないだろ？　おまえ、俺がいろんなオトナのおもちゃ買ってきて使っても、いくら刺激的な動画を探してきて見せてやっても、全然興奮しないっていうんだから……もう、俺らの間だけでなんとかしようとがんばるのも限界なんだよ」

で、こっそりそういう『エロごと』に詳しいと評判の会社の同僚に相談した結果、勧められたのが乱交パーティーというわけで、ついでにその人が今回のサークルを紹介してくれたんです。彼女といっしょに三、四回参加してみて、すごくよかったということでした。

「……うん、わかったわ」

とうとう私は折れました。

私のために主人があれこれ骨を折ってくれたこと自体には報いたいし、その紹介してくれた人の顔をつぶすわけにはいかないというのもありました。

そういうわけで、私はまだ不安と恐怖心を拭えないままに、とある日曜日、主人に引きずられるようにして、乱交パーティーの会場となるマンションに連れていかれたんです。

そこは、見るからに高級そうなところで、最上階十四階の2LDKの角部屋。分譲マンションということで、この辺の相場だと優に四千五百万はくだらない感じ……オーナーさんは今回の参加メンバーの一人で、もっぱら『乱交パーティー専用』に使うために所有してるって……は〜、なんだか住む世界が違いますね。

部屋に入ると、すでに私と主人以外のメンバーは全員集まっていました。

男女それぞれ三人ずつ……私たちを含めて全部で八人という面子です。男女とも三十歳~四十歳という年齢層で、スリムな人、太めの人、マッチョ系な人、巨乳グラマーな人、スレンダーなモデルタイプの人……と、バラエティに富んだ顔ぶれでしたが、どの人も主人が言っていたように信頼がおけそうな、きちんとした人のように見えました。でも、中でも私が気になったのは二人の男性でした。

一人は、自らフィットネス・インストラクターであり、自身のジムも経営しているという実業家でもある、たくましい体格のKさん。もう一人は、ちょっと太めだけど笑顔が素敵で見るからにやさしそうな会社役員のSさん。タイプの違う二人だけど、なんだかとっても好印象だったんです。

というふうに、最初の十分ほどはお互いに自己紹介して、ざっとそれぞれの人となりを知るといったような時間でしたが、その後、誰が指示を出すわけでもなく照明が暗めに落とされ、各自服を脱いで全裸になると、二つあるキングサイズのベッドへと散っていきました。

私は皆に合わせて裸になったはいいものの、どうすればいいのかわからずとまどい、萎縮するばかり……頼みの夫のほうはと見ると、さっさと二人の美女とからみ合い、三者でくんずほぐれつ互いの体を夢中で愛撫し、舐め合っています。

(あ~ん、ちょっとどうすればいいのよ~っ……?)

　私が固まっていると、なんと、さっき気になっていた二人が寄ってきて、声をかけてくれたんです。

「やあ、さっき、こういうのは初めてって言ってたよね？　そりゃどうすればいいのかわからないよねー……まあまあ、気を楽にして」

　たくましいＫさんがそう言うと、私の背後から覆いかぶさるようにして、両の乳房を柔らかく揉み始めました。そうしながらうなじに沿って舌を這わせてきて、ダブルの甘美な刺激で私のカラダはゾクゾクと震えてしまいます。

「そうそう、誰だって最初は初めてさ。でもそのうち、恥も外聞も忘れて快楽に夢中になって……本能だけのケダモノになっちゃうんだな、これが」

　と、太めのＳさんが例のやさしい笑みを浮かべながら言い、私の太腿を撫でさすりつつ、内腿に舌を這わせてきました。なめくじのようにぬめるその淫靡な感触が、徐々に股間のほうに上り近づいてくると、その到達を待ちきれないとばかりに私の秘肉が熱を持ち、はしたない汁気を含んできます。

「あ、ああ……あん……そ、そんな……二人いっぺんにだなんて……」

　まだ抵抗感の残る私は、そんなセリフを吐いてしまいますが、ＫさんとＳさんはむしろそれを嬉しがるかのように、余計に愛撫に熱を込めてきました。

「うふふ、見なよ、ご主人なんて五人いっぺんに乱れまくってるよ？　今さら常識や羞恥心にとらわれて、せっかくのこの場を楽しまないなんて絶対に損だよ」

Kさんは私の左右の乳首をコリコリと摘まみこね回しながら、ベロリと舐め、チュウチュウと吸ってきます。もう自分でも怖いほど乳首が突き立ち、ジンジンと痛いぐらいに疼くのがわかります。

「はあっ……なんてきれいな肉びらなんだ……鮮やかなピンク色で、形も上品で。さて、味のほうはどうかな？」

そう言って、Sさんの舌がついに私の秘肉をとらえると、ジュルジュルとビラビラを舐めしゃぶり、その奥に向かってえぐり掻き回すようにしてきました。

「んあっ！　ひぃっ……ああん、す、すごいぃっ！　か、感じるぅ……」

エスカレートする二人同時のカイカン攻撃に翻弄され、私はただひたすら悶えまくるしかできませんでした。

「さあ、奥さん、決して強制はしないけど、もしよかったら僕らのオチン◯ン、二本同時にしゃぶってみない？　そんなこと、これまでしたことないでしょ？　どう？」

Kさんにそう言われ、私は不思議とそうすることに対して抵抗感はありませんでした。いや、むしろ進んでそうしたいような……初対面の男性のペニスを二本同時にしゃぶるなんて、今までの私からしたら信じられない暴挙ともいえますが……この乱交パーティーの空気が、私の何かを変えてしまったようです。

私の同意を得た二人は、並んでベッドの上に立ち上がり、私はその前にひざまずきました。そして左右それぞれのペニスを手にとると、無我夢中で交互にフェラチオを始めました。二本とも、それまでの私への前戯プレイ時にもう十分みなぎっていて、どちらも簡単には口の中に納まらない大きさに実っています。

「ああ、奥さん、いい感じだ……気持ちいいよ……」

「うん、ちょっとぎこちない感じが、またいいね。ああ……」

すると、その様を向こうから見ていた主人が言いました。

「おお、舞！　おまえ、ずいぶん大胆なことしてるじゃないか！　最初、あんなに乱交パーティーに対して引き気味だったくせに……よーし、俺も負けてられないぞ！」

そして、向こうの女性三人を相手に、もう一人の男性とともにペニスを振り立て、後ろから前から、相手を次々と変えながらファックし始めました。

「ああん！　あ、あたしもぉっ……！」

その様を見てたまらなくなった私は、SさんとKさんに向かって思わず本番を求めていました。驚いたことに、私のアソコは信じられない量の愛液を垂れ流し、それが内腿に沿ってベッドの上へと伝い落ちていました。

「ああ、いいですよぉ、奥さん……」

「うん、僕ら二人でとことん愛してあげますよ！」

そしてSさんとKさんはきちんとコンドームを装着すると、交互に私のアソコを二本のペニスで貫き、犯し……私は自分でも信じられないほどの勢いで感じまくり、何度も何度もイッてしまいました。

「あああっ、ああ……んあぁっ！　ひうっ、あう〜〜〜〜〜っ！」

その後、八人全員が混然一体となってしゃぶりまくり、ハメまくり……私たちは世にも淫らな一つの肉塊と化してしまったようでした。

四時間後、すべてが終わり、私は主人が運転する帰りの車の助手席で、まだ興奮と絶頂のカイカン覚めやらぬ状態で、ボーッとしていました。

「どうだ、よかっただろ？　また来月あたり参加してみるか？」

主人の言葉に、私はただにっこりと笑みを返すことしかできませんでした。

■私は嬉しそうに淫涙を流して勃起しているペニスを、思いっきり踏みつけて……

会社の専務相手に生粋のSM女王の本性を開花させた私

投稿者　間宮祥子（仮名）／26歳／秘書

大学卒業後、今の会社に営業職として入ったのですが、その後、突然の人事異動によって、取締役専務秘書を務めることになりました。

去年結婚した夫からは、

「よかったじゃん。それって出世みたいなもんだろ？　なんか専務に覚えのめでたいこと、したの？」

と言われましたが、入社以来専務とはまともに会話したことすらなく、いわんや認められるような何かをした記憶などこれっぽっちも……と、首をひねるばかりの私。でもその後すぐに、私は自分が専務秘書に取り立てられた、とんでもない理由を知ることになったのです。

それは、秘書として勤務についてから、ちょうど一週間が過ぎた金曜の夜のことでした。一日の業務終了後、私は初めて専務から食事に誘われたのです。ちょうど夫も関西のほうへ出張で翌土曜にしか帰ってこないということもあって、私は「どんな高級でおいしいものをごちそうしてもらえるんだろ？」ぐらいの、のんきな食いしん坊気分で、二つ返事でOKしたのですが……。

たしかに、連れていってもらった鉄板焼きレストランは、A5ランクの黒毛和牛のステーキも、伊勢海老のソテーも信じがたいほどおいしく、おそらく一人前二万円は下らないだろう高級っぷりだったけど、そのあとに待っていたのは、そんな食事のアレコレが吹っ飛ぶような衝撃的事態だったのです！

食事を終えた夜の九時すぎ、専務は私を、そのレストランが入っている一流ホテルの上階の部屋へと誘ってきました。私はびっくりしました。いま六十二歳の専務は、週二でジムに通って体を鍛えていることもあって、見た目こそ若々しくエネルギッシュですが、その性格はとても穏やかで温厚、かつ思いやりのあるすばらしい人格者で、まさかそんなことを言いだすとは想像だにしなかったからです。

「専務……見損ないました。まさか専務がそんなこと……！」

「いや違うんだ、間宮くん……実は折り入ってきみにお願いしたいことがあって……」

心から信頼し尊敬していただけあって、その反動で涙を浮かべながら憤慨する私に対して、専務は慌てたように説明を始めました。

さて、その折り入ったお願いとは……。

それはなんと、私に、自分の女王様になってほしいというものでした。

実は専務は、密かに生粋のＭ（マゾヒスト）であり、常に自分を責め立て調教してくれる女王様の存在を探し追い求めているということで……でも、そういう店や場所にいる女王様は、大抵がホンモノのＳ（サディスト）ではなく、お金のために奴隷をいたぶっている、いわば『ビジネス女王様』だといいます。だから、それが見え透いてしまった時点で興ざめし、萎えてしまうのだと。

でも、そんな中、私のことを一目見て直感したのだと。

彼女こそ真性のＳ……ホンモノの女王様だ！　と。

……いや、あの……私としては正直、「は？」という感じです。自分で自分のことをそんなふうに感じたことなど一度もないし、もちろん、他人のことをいたぶりたいと欲したことなどなく……でも専務は、自分の目に狂いはないと言い張ります。

結局、私は専務の真摯な想いと、必死すぎる懇願に負けて、誘いを受けてあげることにしました。いやはや、どれだけその内容がとんでもないものでも、訴える当人の人格者具合によって、案外通じてしまうものなんですね（笑）。

最上階のスイートに入ると、とりあえずシャワーを浴びたいという私を、専務は認めませんでした。私の汗と、ナマの体臭を直に感じさせてほしいから、と。

そして、持参してきたキャリーバッグの中からあるものを取り出すと、それを私に着るように言いました。

黒いレザーでしつらえられた、女王様用の淫靡でスタイリッシュなコスチューム。私は言われたとおり自分の服も下着も脱ぎ、それに着替えました。そしてその自分の姿を、壁にある大きな鏡で見ると……あれ、どうしたことでしょう？

そこに映った、完璧なまでにキマったＳＭの女王様姿の自分を見るや、これまで感じたことのない興奮を覚え、全身がゾクゾクと甘く戦慄して……そして、脇に萎縮したように控えている専務の姿を見るや否や、なんだかいたぶりたくてしょうがなくなってきてしまったのです。

え、何これ？　……こんな感覚、はじめて……！

そして私は持たされたムチをビシッと振るうや、専務に命じていました。

「ほらほら、そこでボーッとしてないで、服を脱いで四つん這いになりな！　私にいたぶられて、犬畜生みたいにキャンキャン泣きたいんだろ？　ああん⁉」

すると専務は、これ以上ないほどの嬉しそうな表情を浮かべ、「はいっ、女王様！」

と答えるや、喜々として服を脱いで全裸になり、私の眼前の床に四つん這いになりました。するとその征服感に、ますます昂ってしまう自分がいました。

ああ、すっごいいい気持ち！　ゾクゾクが止まらないっ！

どうやら専務が言ったとおり、これまで自分で気づかず、秘めていた女王様の本性が、ついに目覚めてしまったようです。

私はキリのように尖った黒いピンヒールを専務の剝き出しの尻肉に突き立て、ギリギリと踏みにじりながら、さらなる責めの言葉を発しました。

「どうだ？　痛いか？　痛くて嬉しいだろう？　ええっ？」

「あ、ああっ……痛い……サ、サイコーです、女王様ぁっ！」

なんと専務はお尻に血をにじませながら、ペニスを勃起させていました。そして私がグイグイと蹴りを入れるように揺さぶるたびに、それをブルンブルンと震わせて先端からガマン汁をしたたらせるのです。

それを見ているうちに、私の性感も反応しだしました。レザーのビスチェ（コルセット風の女性用下着）の下で乳首がツンツンに突き立ち、レザーパンティの内側でアソコがヌルヌルと湿りだして……相手をいたぶることで、自分も性的興奮を得てしまうなんて……これぞビジネス女王様ではない、ホンモノの真性ドS女王様の面目躍如といったところでしょうか?

　私は専務を乱暴に蹴飛ばし、床に仰向けにスッ転がしました。そして、その股間で嬉しそうに淫涙を流して勃起しているペニスを、思いっきり踏みつけてやりました。真っ赤になって張り詰めている亀頭に、太い血管を浮き出させている竿に、プックリと膨らんだタマ袋に、容赦なく鋭いピンヒールの先が食い込み、突き刺さり……、

「ひぃっ、ひっ……あがっ！　ぐひぃぃぃっ……！」

　でも専務は、耳をつんざかんばかりの悲鳴をあげながらも、より一層ペニスを勃起させてヨガり喘いでいます。

　ああ、すごい……信じられないくらい興奮する……あたしももう、ガマンできなくなってきちゃったよう……！

　とうとう肉体的興奮が頂点に達してしまった私は、パンティの前についた便利なジッパーを下げると、今やもうグチャグチャに濡れ乱れた陰部をさらし、そこを舐めるよう専務に命じました。

「はい〜っ……よろこんで仰せのとおりにっ……！」

　専務はそう応えると、ひざまずいて私のそこを舐め始め、私はお返しにその両方の乳首をつねりあげてやりながら、ペニスの踏みつけを続けてやりました。

「んあっ、はぁ、あ……んぐっ、ふぅ……んんく……」

「あ、ああっ、あ……そうだ、そこ……クリトリスをもっと強く吸って……ああっ！」

　専務の必死の舌戯に感じまくった末に、私はとうとうソコに男のホンモノの肉棒が欲しくて仕方なくなってしまいました。そこで私は、再び専務を蹴飛ばして床に仰向けに転がすと、その体をまたぐ格好で腰を下ろし、相変わらずギンギンに勃起しているペニスを、そのままナマで自分の中に咥え込みました。

「あ、ああっ……！　おまえ、中出しして私を妊娠させたりなんかしたら、承知しないからねっ！」

　などと理不尽なことを言いながら、腰を上下に激しく振って肉棒を味わって。

「あ、ああ……女王様っ、も、もうダメです……出そうです……ううっ！」

「あ、ああっ……ああん、あん……あ、ああ〜〜〜っ！」

　そして私は胎内で専務の射精を受け止めながら、絶頂に達してしまったのです。

　それは、これまでのノーマルなSEXでは感じたことのない、異常なまでの興奮と快感でした。私は完全に覚醒してしまったようです。

　それ以降、私と専務の秘密の主従関係は続いています。

　本当の自分を見抜いてくれた専務には、とても感謝しているのです。

■あらわになった美巨乳は、今にも破裂せんばかりにピンク色の突起を勃起させて……

親友の妻を犯し汚してしまった愛欲と裏切りの一夜

投稿者 伊藤英朋（仮名）／33歳／会社員

今回、僕が長きに渡って抱いていた夢が叶い、鬱積していた欲望を炸裂させ……そして、決定的な裏切りを犯してしまった、その日のことを書きたいと思います。

僕には同期入社の桜井という同僚がいて、最初からお互いに気が合ってすぐに仲良くなり、その後親友になりました。

ところがそれから何年かして、彼が結婚したい女性がいるといって僕に紹介してきたのですが、その彼女であり今現在の彼の妻、当時二十三歳の美里さんを一目見るなり、僕は完全に心奪われてしまったんです。

女優の吹石○恵を思わせる清楚な美人で、かつとても親しみの持てる明るく素朴な性格……まさに僕の理想の女性でした。あと、あまり大きな声では言えませんが、その顔に似合わぬダイナマイトバディがまた強烈な魅力になっていて……そう、彼女は僕にとって見果てぬ夢であり、狂おしいまでの欲望の対象としての存在でした。

でももちろん、親友の恋人である彼女に横恋慕するわけにはいきません。

僕は彼女のことはあきらめて表面的には二人の結婚を祝福し、でもその実、ずっと心の奥底にその熱い想いを秘めたまま、他の女性を好きになることもなく空虚な日々を送り……三年という月日が経っていました。

その日の退勤後、僕は久しぶりに桜井と飲みに行きました。彼が仕事でかなり大きな契約を成立させ、その内輪の祝賀会という名目でした。普段彼と話していて、もし美里さんの話題がその口から出たりすると、やはり未だにつらいので、プライベートなつきあいはちょっと疎遠気味になっていたんです。

すると、酒を酌み交わし酔いが回るうちに、彼が思わぬことを言いだしました。

「俺んとこさあ、恥ずかしい話、セックスレスなんだよなあ」

「……え？　おまえと……美里さんが？」

「バカ、他に誰がいるってんだよ！　……なんなんだろな～？　俺、もちろん美里のことは愛してるんだけど、どうしてもいざとなると、その……勃たないんだよ。最近、仕事のプレッシャーもきついから、そのストレスなのかな～？」

「そうなんだ……大変だな」

僕は彼の思わぬ告白を聞きながら、驚くと同時に、ある強烈な想いが黒雲のようにムクムクと、胸中に湧き上がってくるのを止められませんでした。

俺ならとことん……死ぬほど彼女のことを愛してあげられるのに！　彼女のためなら、体が干からびるまで何発でも射ち込めるのに！

そして、いったんその想いに支配されると、もう胸中から振り払うことができなくなってしまって……。

俺が美里さんを悦ばせてやるんだ！

独りよがりだと頭ではわかっているのですが、もうどうにも止まりませんでした。

僕は『満たされぬ心とカラダを抱えた、かわいそうな彼女のために、今から行ってすぐに抱いてあげなくちゃ！』という衝動に突き動かされるままに、桜井を酔いつぶすべく酒をガンガン注ぎ……まんまとその思惑どおり、泥酔して完全に人事不省となった彼を連れて、夜の十一時近くに自宅マンションを訪ねたのでした。

「あらっ！　本当にすみません、伊藤さん！　ご迷惑おかけして……」

そう言って出迎えてくれた、久しぶりに会う彼女は相変わらずきれいで魅力的でしたが、心なしか表情に憂いがあるように感じられました。きっと、桜井に愛されていないがゆえの欲求不満のせいに違いない……そんな思い込みのもと、僕の心のベクトルは今やもう完全に暴走状態。まったく意識のない夫を寝室に運んでいく彼女の姿を目で追いながら、身中で昂る愛と欲望のテンションは激しさを増す一方でした。

そして、無理して笑顔を湛えるようなかんじで、

「ふ〜っ、やれやれ……まったくもう、参っちゃいますよね〜……」

と言いながら、桜井を寝室に寝かせた彼女がリビングに戻ってくるや否や、僕の中のすべてが炸裂してしまっていました。

「み、美里さんっ……！」

「……えっ……？」

訝しむその様子にかまわず、僕は正面からいきなり彼女を抱きすくめると、その可憐な唇をキスでふさいでいました。そして、驚いてもがき抗う彼女をさらに押さえつけながら、より激しく濃厚に舌をからめ、口内をねぶり回し、ズルズルと激しい音をたてながら唾液を啜り上げました。

「……んっ、んぐぅ……うっく、ううう……」

僕に延々とそうされ続けて、とうとう抗うのにも疲れ果てたのか、次第に彼女の全身から力が抜けていきました。するとがぜん、その豊満な肉体の重みを全身で感じることができて、僕はますます熱く昂り……自分でも怖くなるくらいの勢いで股間を固くみなぎらせていました。

ようやく僕が唇を離すと、彼女は溜息を吐きながら切れ切れに言いました。

「はぁ、はぁ、はぁ……い、伊藤さん……な、なんで、こんな……っ……？」

「いいんだ、何も言わなくて……あいつに愛されなくて寂しいんだろ？　満たされてないんだろ？　かわいそうに……俺がその分、何倍も愛してあげるからね！」

「……えっ、伊藤さん、な、何言って……？」

と言いながら、彼女のほうもやはり昂らせているようでした。僕が問答無用で服を脱がせて下着を引きむしると、あらわになった美巨乳は、今にも破裂せんばかりに、その先端のピンク色の突起を勃起させていたからです。

「あ、ああっ、美里さんのオッパイ……すてきだ……夢のようだっ！」

僕はそう言ってそれにむしゃぶりつき、わしわしと丸い乳房を揉みしだきながら突起を舐め回し、吸いたてました。

「ああっ！　あ、ああ……ひ、ひあっ……っ！」

彼女がいよいよ甘く喘ぐようになったのに応えて、ジーンズの前を開けて下着の中に手を突っ込むと、案の定そこも、もう十分な汁気を帯びていました。今にもしずくが滴り落ちんばかりの濡れっぷりです。

僕も自分のスーツをかなぐり捨て、ズボンを脱いで股間を剝き出すと、信じられないくらいギンギンに怒張したペニスを、あらわになった彼女のソコにあてがいました。そして彼女の背を壁にもたせかけて体を安定させると、一気に貫きました。その途端、熱くぬめった淫肉が僕の怒張をきつく喰い締めてきました。そしてまるで生きているかのように淫らに蠕動しうごめいて……。

「うくっ……み、美里さんっ……き、きついっ……ああっ！」

「はぁはぁはぁ、ああ、い、伊藤さん……すごい……硬いわ、太いわ！　ああん……た、たまんないっ……イ、イキそうよぉっ！」

「ううっ……お、俺もっ……はぁっ……！」

挿入後、ものの三分で僕は果ててしまっていました。そのぐらい、美里さんの飢えた淫肉の圧力はものすごかったのです。もちろんそのあと、僕らは改めてリビングのソファの上でじっくりと愛し合いました。

最後には正直に自分の欲求を発散させた美里さんは、これからも僕とこういう関係を続けたいと言ってくれましたが、正直、今度は逆にためらっています。

自分がこれからも、友情を裏切り続けることができるのかどうか……？

■舅のソレは大きさもみなぎり具合も、けっして夫に引けをとるものではなく……

舅の老練なSEXテクニックからもう逃れられない！

投稿者 上野沙織（仮名）／28歳／専業主婦

「沙織さん……」

ああ、今日もまたお義父さんが私を呼んでいます。

こんなこと続けてちゃだめだ……これはいけないことだ……。

心の中では必死でそう叫ぶ私がいるのですが、カラダは……どうにも抗うことができず、ふらふらとお義父さんのもとへ向かってしまう、別の私がいるのです。

ことの始まりは昨年の終わり頃でした。

夫と姑は、年末年始の食料品などの買い出しをするために、車で三十分ほど行った先にある、地元のデパートに出かけていて留守でした。当初から私は留守番の予定だったのですが、舅も一緒に行くはずだったのが、少し風邪気味で体調がすぐれないとのことで、自宅にいることになったのです。

都合三時間ほどは、家には私とお義父さんの二人だけということになったわけです。

考えてみると、私が夫の武之さんと結婚してこの家に嫁入りしてからもう二年ほどになりますが、このシチュエーションは初めてのことでした。夫は会社勤めをしていますが、姑は私と同じ専業主婦なので大抵家にいて、今はもう仕事をリタイアして隠居状態にある舅と私との三人在宅、もしくは私が買い物等に出かけて家には義両親二人というのが、わが家のデフォルトだったんです。

世の常で、姑は悪い人ではないものの若干口うるさいところがあって、私としてはまあまあ苦手でしたが、今年六十三歳になる舅はとても穏やかなやさしい人で、一緒にいてもまるで気を張ることがなく……だからこのとき、むしろリラックスタイムともいえる時間が過ごせそうだと、私は歓迎気分でした。

ところが、初めての舅と二人だけの家での時間は、そんな私ののんきな思惑など及びもつかない、衝撃的なものとなってしまったのです。

夫と姑が出かけてすぐに、舅がビールが飲みたいと言いだしました。

その「鬼のいぬ間に……」的な舅のおねだりがむしろ微笑ましくて、私は「はい、はい」とにこやかに応じ、冷蔵庫の瓶ビールとグラス、あと適当につまみを見繕うと、和室の座卓に座った舅の前、ちゃぶ台の上に出してあげました。

「ああ、悪いね、沙織さん。ありがとう」

舅はそう言うと、私のお酌を受けてゴクゴクと一杯目のビールを飲み干しました。

「う〜ん、うまい！　美人の嫁にお酌してもらって飲む酒は最高だね」

「あはは、いやだわ、お義父さんったら」

そんな和やかな雰囲気の中、舅はもう一杯グラスを空けると、ご返杯だといって私にもビールを勧めてきました。私はアルコールにあまり強くないのもあって、

「あ、いえ、もし酔っぱらってるのがわかったら、お義母さんにも顔向けできませんし……お義父さん、どうぞ飲んでください」

と遠慮したのですが、聞き入れてはくれず、

「まあまあ、あいつには僕のほうからうまく言うから……ね、一杯だけ」

と、なおもしつこくて……そこまで言われてはしょうがなく、私は舅のお酌を受け、グラスを合わせて乾杯すると、ビールを一口、二口と喉に流し込みました。すると途端にカーッと顔が熱くなり、全身が火照ってきました。普段ほとんど飲んでいないせいか、昔に比べてもさらに弱くなってしまっているようでした。

私のそんな様子を見て、舅は心配げに言いました。

「おや、大丈夫かい、沙織さん？　無理に飲ませて悪かったね。気分が悪いようなら、そこに横になってもいいんだよ」

「……い、いえ……だ、大丈夫です……あ、おつまみのお代わり持ってきますね」

私は無理してそう言うと、畳から立ち上がろうと……したのですが、酔いのせいで足元がおぼつかなく、「あっ!」と、ものの見事によろめいてしまいました。

すると、とっさに舅が年齢を感じさせない反射神経で反応し、私の体を抱きかかえ、支えてくれました。「あ……す、すみません……」お礼の言葉を発しようとした私でしたが、それは次の瞬間、舅の口によってさえぎられてしまいました。

そう、私は舅に口づけされていたのです。

「……んっ、んぐぅ……う、ううん……?」

私は驚愕し、唇を離そうと必死で抗ったのですが、酔いのせいもあってかまったく体に力が入らず、むしろさらに強く舅に抱きすくめられていきました。そして舌をからめられ、唾液をじゅるじゅると啜り上げられ……その背徳の恍惚感に、どんどん意識があいまいになっていってしまいます。

そしてそのまま畳の上に体を横たえられると、お腹の上に馬乗りになった舅にシャツのボタンを外されて素肌をはだけられ、ブラも剝ぎ取られてしまいました。そして、あらわになった乳房を揉みしだきながら、舅はこう言ったのです。

「ああ、沙織さん……きれいな胸だ……すてきだよ。息子の奴、こんな見事な体を可愛がってあげないなんて、なんて罪なことするんだ」

　ぼやけた意識の中でも、私は一瞬「えっ？」と思いました。ひょっとして、お義父さんは、私たち夫婦がセックスレスであることを知ってる……？

「わかるんだ。あいつ、沙織さんのこと、全然抱こうとしないだろう？　外に女ができたんだな。どうせ若い小娘だろう。昔からそういう悪い癖があるんだ」

　そう言いながら、私の乳首を唇に含むと、ちゅうちゅう、ちゅばちゅばと吸いたて、舌先で転がしてきました。「……あ、ああっ……」私の喉が甘く啼き、思わずゾクゾクと全身が震えてしまいます。

「父親として、本当に申し訳なく思うよ。だから、せめてもの罪滅ぼしに、僕にできるかぎり、沙織さんを愛して……感じさせてあげるよ」

　舅は、すべてお見通しのようでした。たしかに夫は、ここもう半年あまり私のことを抱こうとはせず、私も別の女の存在を感じていたのですが……まさかそれが若い小娘だとまでは想像していませんでした。さすが父親です。

　というか、そういう血筋だからゆえに、舅は私に手を出してきたのでしょう。口では不肖の息子の不義の罪滅ぼしみたいなキレイごとを言いながら、結局は自分から見ればまちがいなく『若い小娘』である嫁の私に欲情しているのです。

私はあきれつつ、でも一方で舅の、夫にはないその老練でテクニカルな性戯に翻弄され、この上なく感じてしまっている自分がいました。

舅は私のスカートとストッキング、そしてパンティも脱がしてしまうと、両の乳首をコリコリと摘まみこね回しつつ、顔を少しずつ下へずらし下げていき、舌で淫らな唾液の跡を残しながら下腹部へと向かっていき……ついにそれが秘めやかな柔らかい肉のひだに達しました。そして乳首への愛撫と巧みに連携をとりながら、絶妙のリズムで舌先でえぐり回してくるんです。

「……っあっ、ああ、はぁ……あ、あう……っ……」

「どうだ、いいだろう、沙織さん？　息子の愛撫とは一味も二味も違うだろ？　これがベテランの手練手管だよ。ほら、思う存分感じていいんだよ？　ほらほら！」

「あひっ……あ、あう～～～～っ！」

私は直接の愛撫のみならず、舅のその巧みな言葉づかいに煽られる形で感じまくり、二度、三度と小さなオーガズムの火花を弾けさせました。

そして朦朧とする意識の中で、ふと目を上げると、いつの間にか舅も服を全部脱ぎ、屹立した股間のものを振りかざしていました。その大きさもみなぎり具合も、けっして夫に引けをとるものではなく、私はそれが発散する淫らでエネルギッシュなオーラに屈するかのように、大声で懇願してしまっていました。

「あ、ああん……お、お義父さんのソレ……ほ、欲しいです……おねがい、私のいやらしいここに……くださいっ……！」

「ああ、いいとも、沙織さん！　喜んでっ！」

次の瞬間、舅の肉棒の力感が私の肉ひだを刺し貫き、怒濤の勢いでピストンを繰り出してきました。実際、夫を凌駕する驚きのパワーです。

「あんっ……あ、あ、あ……イ、イク～～～～～ッ！」

「ううっ……いいよ、沙織さんのココ、すごい締め付けだ……うぐっ、うう！」

私と舅は、深く深く結合した状態でしっかりと抱きしめ合い、お互い同時にフィニッシュを迎えていました。

それから、夫と姑のいぬ間を見計らっては、舅は私を求めてくるようになり、私のほうも断ることができずに、都度応えてしまっているという有様なのです。だって、舅とのセックスは、回数を重ねれば重ねるほど、その深みと味わいを増していき、快感は高まる一方で……。

いつかこの関係に終止符を打てる日が、やってくるのでしょうか？

■アタシはダーリンの上で、一度も抜かないまま、三度、四度とイキまくって……

新婚さん、アオ姦エッチの興奮世界にいらっしゃい！

投稿者　椎名くるみ（仮名）／22歳／アルバイト

二ヶ月前、結婚したばかりのアタシ。

ダーリンは二つ年上のサラリーマンなんだけど、二人とも若いというのもあって、とにかくもうエッチがしたくてたまらないっ！

よほど仕事の帰りが遅かったりしない限り、平日・土日関係なく励んで、快楽をむさぼってしまうアタシたち（笑）。

そんな、ある七月はじめの蒸し暑い夜のこと、ダーリンがこんなことを言いだした。

「そういえば俺たち、外でヤッたことってないよな？　いわゆる『アオ姦』だな。いつも室内ばっかりで」

「えーっ、外ぉ？　そりゃそーだよー、ケダモノじゃあるまいし！」

反射的にそう言ってしまったアタシだったけど、ダーリンの次の一言に、なんだか思わずハートがグラッとしちゃった。

「うん、いっぺんケダモノになってみるのもいいんじゃない？」

ということで十一時を回った頃、アタシとダーリンは車を飛ばして、十五分ほど行ったところにある河川敷へと向かったんです。

でもアタシは、なんでそこ？　と疑問に思っちゃいました。

そこはまあまあ大きな川なので、左右の土手は自転車やランナーが走れるようにきれいに舗装されていて、ところどころに街灯も設置されていて真っ暗ではなく……そう、言い方を変えると、人がやって来やすい場所なのね。

だから、アオ姦するのはいいとして、なんでもっと邪魔の入りそうにない、人気のないロケーションを選ばないわけ？　って。

そのことをダーリンに言うと、

「ええっ⁉　だからいいんじゃん！　誰かに見られるかもしれない……いや、きっと見られちゃうっていうスリリングさが、ワクワクゾクゾク大コーフン！　快感も倍増まちがいなし！　ってね」

などとまあ、とんでもないアンサーが。

この人、本気かなー？　と、今いちピンとこないアタシだったんだけど、彼ったら目をらんらんと輝かせてヤル気満々なものだから、まあ、従わざるをえず……。

アタシたちは土手から広い河原まで降りて行くと、だいぶ伸びかかっている草むらの上に、持ってきた厚手のレジャーシートを広げて敷いた。

そして靴を脱いでそこに上がると、並んで腰を下ろしてお互いの体をまさぐって。あらかじめ二人とも半袖Tシャツに短パンという軽装なうえに、アタシはさらにその下はノーブラ・ノーパンなものだから、話は早いというか、手っ取り早い。

「くるみ……」

「てっちゃん（ダーリンの名は哲也）……」

「くるみ」「てっちゃん」

アタシたちはお互いの名を何度も呼び合い、キスして気分を高めていって。

ダーリンがアタシのTシャツをめくり上げてオッパイを剝き出しにすると、ムニュムニュと揉みながら、乳首を口に含んでは吸い、チロチロと舌をからめて舐め回してきて……。

「あ、ああん……」

軽く感じながらそうあえぐものの、アタシはなんだか今イチ乗ってこない。

室内と違って外の空気の動きや匂いは感じられ、遠くを走る車の音なんかも聞こえて、ああ屋外なんだなあって思いはするものの、かといって特段興奮するわけでもなく……なんだ、アオ姦ってつまんないじゃん、って思っちゃって。

でも、そんな印象が、次の瞬間、一変したのね。

わりと近くでガサガサって、草むらを掻き分ける音がしたかと思うと、明らかに何人かの人の気配を感じて！

ええっ⁉

って、アタシはチョーびっくり！

でも、ダーリンは全然ビビる様子もない。

いや、それどころか、なんだか鼻息を荒くして、とっても嬉しそう。そして、

「ほらほら、どうする？　どこの誰ともしれない相手に、俺らのエッチな姿、見られちゃうかもよ？　恥ずかしいよな～？」

と、ニヤニヤ笑い。

そしてそう言われると、アタシのほうもなんだか急に、心臓はバクバク、汗ダラダラ、そして……なんと、アソコがズキズキしてきちゃった！

ほ、ほんとだ！

た、たしかに、見られてることを意識すればするほど、アタシのアソコったらいやらしいお汁を垂れ流して、乳首もズキズキ疼いてきちゃう……！

「あ、ああん……て、てっちゃんっ！　ア、アタシ、なんだかおかしいよお！　カラダが熱くて、ビクンビクンして……た、たまらないのーっ！」

アタシが呻くようにそう言うと、ダーリンは、

「だろ？　見られてるって思えば思うほど、燃え上がっちゃうだろ？　それでいいんだよ！　さあ、くるみの大好きなこれ、その勢いでしゃぶり倒しちゃってよ！」

と言いながら、膝立ちになって下着ごと短パンをずり下ろし、ビンビンになったオチ○ポをグイッと突き出してきた。アタシの気のせいかな？　なんだかいつもより勃起度がすごいみたい。

で、もちろん、アタシはメス犬みたいにそれにしゃぶりついてて。

いつもの百万倍（当社比・笑）ぐらいのエロ激しさでフェラしてあげて、そのあと今度は二人寝っ転がって、お互いのを舐め合って……。

そのうち、アタシもう、入れて欲しくってたまらなくて……、

「てっちゃん……オチ○ポ、いっぱい入れてぇっ！　アタシのオマ○コ、メチャクチャにしてぇっ！」

って喚き散らしながら、仰向けになった彼の上にまたがって、腰をグイングインくねらせるようにしてアソコでオチ○ポをむさぼって！

「ああっ、あ、ああ……あ〜〜〜〜〜〜〜っ！」

そうやって悶絶しながら、アタシはたしかに見たのよね。

顔かたちはわからないけど、二、三人の黒い人影が草むらにうずくまって、そんなアタシのエッチで恥ずかしい姿を見つめてるのを。なんならその中の一人は、自分のアレをしごいてたかもしれない……。

それはもう、今まで感じたことがないような信じられない興奮と快感で、アタシはなんと、ダーリンの上で、一度も抜かないまま、三度、四度とイキまくっちゃってたの……そんなの初めての体験だったわ。

そのあと、いよいよ発射したダーリンの精子の量もハンパなかったなあ……。

こうしてすっかりアオ姦（&露出？）エッチにハマってしまったアタシとダーリン、そのうち飽きるまで楽しむつもりだけど、さて、そのあとはどうしようかなー？

誰かもっと刺激的なエッチのアイデア、教えてくれませんか？

■パンパンに赤黒く膨張した亀頭の先端から、透明なしずくが滲み出すのが見えて……

問題生徒の父親に凌辱された禁断の家庭訪問セックス

投稿者　村川京香（仮名）／33歳／教師

その男子生徒は私のクラスの超問題児だった。

青島建太（仮名）という名の彼は、ケンカや万引きで補導されること数知れず、仲のいい友達など一人もおらず、いつも一匹オオカミで周りの誰も寄せつけない。そんな彼のクラス担任の女性教師がこのたび産休に入るということで、急遽その後任としてこの中学に赴任してきた私だったが、いきなりとんだお荷物を背負わされたものだと、思わず気が滅入ってしまったくらいだ。

聞くと、彼の母親が昨年、病気で急逝してしまう前までは、もっと普通の生徒だったということなのだが……今は父親と二人暮らしという話だった。

私はとりあえず、彼の父親と話しをしてみなければと思った。

彼自身と話しをしようとしても、一言も口を聞いてくれようとしないのだ。

父親の青島俊介氏（仮名／四十四歳）に連絡をとり、一度お宅にお邪魔して建太くんのことについて話し合いたいと話すと、最初乗り気ではなさそうだったものの、私が粘り強く要請を繰り返すと、なんとか機会をつくってくれるということになった。

彼が都合がいいといった日は日曜だったが、致し方ない。私は夫に小四の息子の世話を頼み、その日の午後二時頃、いかにも建売住宅といった感じのこじんまりとした一戸建ての青島家を訪ねた。運悪く激しい土砂降りの日となってしまったが、今さらリスケするわけにもいかない。

当然のように建太くんは家におらず、出迎えてくれた俊介氏は昼日中から一人で一杯やっていたようで、その顔はほの赤く、吐く息はアルコールの匂いがした。これから大事な息子の話をしようというのに一体どういう了見なの？　……と、私は内心、その非常識さに憤慨してしまったが、なんとか冷静さを保ち、ダイニングキッチンのテーブルを挟んで彼と向かい合った。ちなみにお茶の一杯も出なかった。

そして最初は、健太くんの問題行動について改めて指弾し、改善に向けて前向きに話し合おうと真摯に提言し、俊介氏もそれなりに真面目に受け答えしてくれていたのだが、途中、健太くんがなぜこうなってしまったのかという理由に話が及んだとき、彼の様子が何やらおかしくなってきた。

「そうなんです、妻の雅美が亡くなる前までは、あいつももっと普通に明るくてまともだったんですが、がんで……それからは何を言っても通じず、荒んでいく一方で、でも俺も、いきなり仕事と家庭の両方のプレッシャーを一身に背負う形になって、もう一体どうしたらいいものやら……くうっ……」

アルコールの影響もあるのか、昂りと悲しみの感情の間をせわしなく行き来し、その様子は明らかに情緒不安定状態。私は一生懸命なだめすかしながら、彼を落ち着かせようと、もう必死だった。

外はザーザーと土砂降る雨の音以外、何も聞こえず、まるでこの家の中だけ世間から隔絶されてしまっているような、うすら寒くなるような感覚。

「……うっ、ううっ、ま、雅美っ……どうして、どうして死んじまったんだよお⁉

俺も建太も、おまえがいなきゃダメなんだようっ！」

「お、お父さん、落ち着いてくださいい……ね、ね？」

「うっ、ううう……んぐっ、う、う……うあ〜〜〜〜っ！」

そして、ことは起こってしまった。

「うあっ、あっ、ああっ……ああ、雅美……雅美、雅美〜〜〜〜〜っ！」

俊介氏はいきなりひときわ激しく高揚し、亡き奥さんの名を絶叫、連呼しながら、おもむろにガバッと立ち上がると、テーブル越しに私の両肩を摑み、力任せに引き倒してきたのだ。その勢いで卓上にあったビールのグラスや、つまみの残りの載った小皿が音を立てて下に落ち、そのおかげで空いたスペースに私は体を横たえさせられる格好になってしまった。

「ちょ、ちょっと……！　お父さん、何するんですか⁉　や……やめてぇっ！」

「ああ、雅美、会いたかったよぉっ！　寂しかったよおっ！　うわぁぁぁっ！」

そう、完全に精神が錯乱してしまった俊介氏は、私のことを亡くなった奥さんだと思い込み、昂る激情をそのままぶつけてきたのだ。

「あ、だ、だめですっ！　お父さん、ちょっと、そんなことっ……！」

そして信じられないことに、自らもテーブル上に昇って私のお腹の上に馬乗りになった彼は、ボタンがちぎれ飛ぶのもかまわず、私の着ていたブラウスの前を乱暴にはだけ、その下から現れたブラに手をかけると力任せにむしり取ってしまった。

「あ、ああっ……！」

そしてその武骨で大きな手が私の乳房を摑むと、柔らかい乳肉を引きちぎらんばかりに荒々しく揉みしだき、こねくり回してきて……！

「んあっ！　あ、ああっ……い、痛い～～～！　や、やめてぇっ！　あううう！」

私は激痛のあまり、喉も引き裂けんばかりに絶叫したが、まるで空の底が抜けたかのような勢いで降る大雨の音のせいで、その声はどう考えてもよその誰の耳にも届きそうにはなかった。

そうするうちにもますます彼の乱暴な愛撫は激しさを増し、私の人よりもちょっと大粒の乳首がグイグイと引っ張られ、まるですりつぶすかのように押しひしゃげられ、私の頬は溢れる激痛の涙でグショグショに濡れてしまった。

「ひぃっ、あぐ……んあっ、あ、ああ～～～～～！」

「ああ、そうか、雅美、感じるのか！　おまえ、こういう激しいのが好きだったものなあ……あぁ、ほら、俺のももうすっかりおまえのことが欲しくて、こんなになっちゃったよ……」

そう言って膝立ちになった俊介氏が、下着ごとズルッとジャージを引き下ろすと、そのいきり立ったペニスが、ものすごい勢いで天に向かって振り上がり、パンパンに赤黒く膨張した亀頭の先端から、透明なしずくが滲み出すのが見えた。

「……あ、だ、だめです、お父さん、そ、そんなことしたら……あ、ああっ！」

私がもう何を言ってもムダだった。

彼は私のパンツと下着も引きずり下ろし、脱がせてしまうと、その先端を濡らした勃起ペニスを問答無用で私の膣目がけて突っ込んできた。さらなる激痛を覚悟した私だったが……そこに痛みはなかった。いや、それどころか、とろけるように甘い衝撃が私の体を貫き……それはまぎれもないセックスの快感だった。

そう、私のカラダはいつの間にか彼の乱暴で勝手な愛撫に反応し、高揚し、自ら分泌させた淫らな潤滑液でそこを濡らしてしまっていたのだ。

「……んあっ、あっ……ああ〜〜〜〜〜っ！」

「ああ、ま、雅美……いいぞ、いい具合だ！　やっぱりおまえのカラダはサイコーだぁあっ！　うっ、うっ、うっ……！」

そのまま私はどうにも止められない快感に呑み込まれ、彼の激しい挿入に何度も何度も貫かれた果てに、そのほとばしる大量の精液を胎奥で受け止めながら、ビクビクと全身をわななかせつつ、絶頂を迎えてしまっていた。

驚くことに、後に俊介氏はこの狼藉のすべてを何ひとつ覚えていなかった。ただ、私の肉体に信じがたい愛欲の爪痕を残したまま……。

結局、未だに建太くん問題は解決しないままなのだ。

■抗えば抗うほど三人の男たちの息は荒くなり、乱暴に私の乳房や陰部を触り……

部長の罠にハメられ会社の接待肉奴隷に堕とされた私

投稿者　松村咲菜（仮名）／29歳／OL

二年前、今の夫とは友人の紹介で知り合い、一年の交際期間を経て結婚しました。

結婚後、共働きで子供はまだいません。休日はどこへ出かけることもなく、夫は趣味の囲碁をネットで打ち、私はミステリー小説を読んで過ごします。

周りから見れば、至って普通の平凡な家庭だと思います、本当に……。

ですので、私は私の秘密を墓場まで持って行く覚悟でいたのですが。最近、胸の中のモヤモヤを誰かに打ち明けたい、聞いてもらいたいという衝動に駆られるようになってしまったのです。だから聞いてください。罵られるのを覚悟でお話しします。

私は二十六歳の時に恋人に振られました。婚約間近だったこともあって、私はショックのあまり毎夜泣いて過ごしていたんです。おかげで寝不足が祟って、仕事でミスをしてしまいました、しかも一度ならず二度までもやらかしてしまったのです。

（部長に叱られる！　ヘタしたらクビになるかも……）と覚悟をしていたのですが、

意外にも部長は優しく、「何か悩みごとがあるんだろう？　僕でよかったら話してごらんよ」と、退社後、ご飯に誘っていただいたんですね。静かで素敵なレストランでした。「ここのステーキは美味しいんだよ。あ、お酒飲めるんだったよね？」って、部長はコース料理とデキャンタで赤ワインを注文してくれました。私はすっかり気分もほぐれ、食事をしながら、恋人に振られたことを正直に話したんです。

「しかもショックだったのは、私と別れてすぐに別の女性とつきあい始めたことなんです……いや、もしかしたらもうとっくに二股かけられていたのかもしれません」

「それは酷すぎる……最低な男だな。そんなヤツ、早く忘れたほうがいいよ。松村さんにはもっと素敵な男性が現れるよ」と部長は言ってくれ、私はお酒の力を借りて本当に早く忘れようと思いました。その後、部長がお酒を追加したように思います、注がれるままワインをごくごく飲んで、私は少しまどろんでいました。

ふと気がついたときには、私は自分のアパートの部屋のベッドで寝ていました。ふと横をみると、なんと部長がいる……しかも裸で……！

「えっ⁉」私も裸でした。「きゃぁっ！」思わず声が出てしまいました。

部長はちょっと気まずそうに、「えっ、覚えてないの？　きみを送ってタクシーでここまで来たんだけど……」私が泣いて部長に、一人にしないで！　寂しいから……

と抱きつき、困った部長は私と一緒にタクシーを降りたそうなんです。そして部屋に招き入れた途端、私は部長の上着を脱がせ、唇を重ね、ベッドに誘い自分で全裸になったというのです。

「ま、まったく覚えていません」私は毛布を引き寄せ、剝き出しの胸を隠しました。部長はさらに、「君が僕の上に乗って……首筋にキスしながら僕のここをこすって大きくしたんだよ？」と言い、「い、いやぁ、そんなこと……！」「まちがいなく、きみのほうが仕掛けてきたんだよ！」心臓が破裂しそうでした。

「あの……それで私たちは……」「もちろん最後までやったよ。だって君が望んだことだったんだから」「……………！」

思い出せません、なんにも。思い出そうとすると、頭がズキンズキンしました。ワインを飲み過ぎたせいなのか、なんなのかも理解できません。

「あの、部長、このことはどうか……」そう言うのがやっとでした。「もちろん誰にも言わないよ、おとなしい君が上司に無理やり迫ったなんてこと……」

部長の表情が性悪そうに歪むと、ヒヒヒと笑い、私の上に覆いかぶさってきました。

「も、もうやめてください、部長！」「そもそも最初に自分から襲ってきたきみが、今更なにをぶりっこしてるんだ？」「ごめんなさい、私、もう酔ってないので……」

「関係ないね。わかるだろう？　これは口止め料なんだよ」そう言うなり毛布を引き離し、私の乳房を鷲摑みしにて舌を這わせ始めました。

「きみが悪いんだぞ、僕は不倫なんかする気がなかったのに……みんなきみが……ハァハァ……」部長は私の乳首を咥えながら下半身をまさぐり恥毛を掻き分け、割れ目の中に指を挿れてきました。私は感じるはずもなく、当然ソコは潤っていませんでしたから、部長の肉棒が突き刺さってきたとき「痛いっ！」と声をあげてしまいました。

「すぐによくなる……すぐによくなるから……」部長はハァハァ息を切らしながら腰を振りました。私はこの行為がまったく理解不能で、感じるどころではありません。早く終われ、早く終われ……！　それだけを念じていました。それからまもなく部長は射精し、その行為は終わりました。部屋に朝日が差し込み始め、部長は慌てて身支度して自宅に帰って行きました。私はその日のことをすぐに忘れたかった……でも、部長はそれからも月に一度は、私の家に来て私の体を求めました。

「会社には黙っててやるから」そう言われると、私はもう何も逆らえないのです。

でもその後、夫との結婚が決まったある日、意を決して部長に言いました。「おつきあいしてる人がいて結婚することになりました」すると部長は「おめでとう！　よかったな」と言いながらも、関係を清算してはくれませんでした。

「お互いにうまくやろう」そう言われ、結婚後は遠くのラブホテルで密会するよう命じられました。私はとにかくこのことを夫に知られないように、と祈るだけでした。

ところがある日、女子トイレで後輩たちが部長の陰口を言っていて、耳を傾けると、なんと部長はあらゆる手練手管で女子社員を落とそうとしているのだというのです。

私はハッとしました。

あの夜、もしかしたら私は部長の罠にかかったのかも……私が部長に迫ったというのは、部長がついた嘘だと思いました。そう、部長は己の欲望のためなら平気で嘘をつく悪魔のような男だったのです！

「松村さん、ちょっといいかな?」終業時間に部長に呼ばれたとき、私は今日こそはハッキリ断ろうと思いました、部長の淫らな呪縛からもう解き放たれたかったのです。

すると用件は別のことでした。

「とても大事な取引先の重役さんが三人、応接室でお待ちだから、コーヒーを持ってってくれないか?」そう言われて、嫌とは言えません。「はい、承知しました」私は給湯室でコーヒーを用意し、応接室に向かいました。

コンコン……「失礼いたします」一礼をして部屋に入るや否や、傍にいた部長が私の後ろに回り込み、カチャリとドアに鍵をかけたのです。

「ほら、何をしてるんだ、早く皆さんに手厚い接待をしないか！」部長は私の手からコーヒーを載せたトレーを取りあげながらそう言いました。私が意味がわからず突っ立っていたら、取引先の重役の一人がいきなり私をソファに押し倒しました。

「きゃあっ！」私の抵抗は無駄でした、なにしろ他の重役二人も力ずくで私を押さえ、ブラウスを引きちぎり、ブラジャーをたくし上げ、スカートをめくってパンストとパンティを脱がしてきたのです。抗えば抗うほど、男たちの息は荒くなり乱暴に私の乳房や陰部を触りました。部長は悪魔のような微笑を浮かべながら、私が三人の男に犯されるのを面白そうに眺めています。


いきり立ったオスの凶器が私の陰部に突っ込まれ、激しくピストン運動が始まったとき、別のオスの凶器が私の口にねじ込まれてきました。もう一人のオスの肉棒は私の乳房の上で上下しています。

「んんぐううう……」私は泣きながら屈辱に堪えました。

「ああ〜〜、いいよぉ〜〜、一度3Pってのをやってみたかったんだよぉ〜〜」

「私もだぁ〜、いいよ、アンタのマ○コ、あったかくて吸い込まれそうだよ」

「小ぶりの茶碗のようなかわいいお乳も俺好みだな」

……ハァハァハァハァ……と、男たちは興奮しながら獣と化しました、次々と私の中で果て、そそくさと下着を身に着け始めました。体中に白い液を放出され、裸のままソファに横たわっている私に、部長は上着をかけながら言いました。

「会社のために、これからもよろしく頼むよ、重役接待。悪いようにはしないから」

私は何故だか嫌だとは言えませんでした。今更部長のことを会社に訴えたところで、無駄なような気がしてきたのです。女子社員が陰で何を言ったところで部長は仕事が出来、社内の実力者です、逆らえばきっと私は退職に追い込まれてしまうでしょう。それだけは嫌なんです。

私はこれからも部長に言われるまま、重役接待をしていきます。私のためでもある、と部長は言っていましたよね、もしかしたら昇進させてくれるのかもしれません。

私の秘密は以上です。ここですべてをお話しさせていただいて、少し落ち着きました。誰かに聞いてもらうことでモヤモヤが晴れたみたいです。

聞いてくださってありがとうございました。

■ドロドロに蕩け乱れたアソコの肉びらをこれでもかと彼に吸われ、しゃぶられ……

お気に入りエロ動画の興奮が現実に!? 陶酔の昼下がり

投稿者 森川美咲（仮名）／34歳／パート

その日はパートも休みで、夫を会社に送り出したあと、午前中に掃除や洗濯などの家事をあらかた済ませてしまった私は、さて、晩ごはんの買い物にスーパーに行く夕方まで何をして過ごそうか、と考え中……。

そうだ、最近エロ動画サイトで見つけたお気に入りのシチュエーションの動画で、オナニーしちゃおう！　だって夫ときたら、ここのところ、やれ疲れた、やれ明日の朝が早いから、とかなんとか言っては、全然エッチしてくれないんだもの。まったく……まだ三十五歳、そんな老け込む歳じゃないでしょうが！

そんなわけで私、すっかり欲求不満妻。今日はゆっくり、たっぷりオナニーして、少しでも飢えたカラダを癒してあげなきゃ！

というわけで、念のためリビングの窓のカーテンを閉めきると、全裸になってソファに陣取り、スマホをテレビとつないで、より大きな画面でサイトの動画を愉しめる環境をセッティングして……準備万端で例のお気に入りのヤツをサーチング！

それは昼下がり、ある一人の主婦が暇を持て余しているところ（まさに今の私ね）に、一人の健康食品のセールスマンが飛び込みで訪ねてきて、いつもはそんなの相手にしない主婦が、まあたまには暇つぶしに話を聞いてやるか、と対応したのが運の尽き……ありきたりの商品説明に、主婦がだんだん飽きてきたところを見計らって、セールスマンが囁くような声で言うには、「いや実は当社、最近、鋭意研究開発中の商品がありまして……これが、セックスの前に摂取すると、がぜん性感がアップして快感が倍増するという代物なんですね」「……え？」と、そこで主婦は興味津々、セールスマンはニヤリと笑みを浮かべると、「で、ここに試供品という形で少し持参してきているんですが、よろしければ……一度お試しになってみませんか？　今ここで」と。

そこからあとはご想像どおり、セールスマンの彼がまあまあ自分の好みのタイプだったこともあって、主婦は話に乗り、その商品の予想以上の効果に驚愕しながら、かつてないセックスの快感に果てしなくイキ果てるという……。

ってまあ、ありがちといえばそうなんだけど、その動画のつくり物っぽくないリアルなドキュメント・タッチの雰囲気と、激しいセックス描写に私はチョーはまってしまい……ああ、ほら、やっぱり案の定、オマ○コを掻き回す指が、止まらない！

「あ、ああっ、んああっ……」

ぐっちゃぐっちゃ、ぬちゅぬちゅ……トロトロに粘ついた淫汁が、あとからあとから溢れ出てきて……ああ、も、もうイキそうっ……！

ところが、そうやってチョー盛り上がってるときに、ピンポーンと玄関チャイムの鳴る音が……！　ええっ？　もちろん、いつもの私だったらそんなの完無視、誰だか知らないけどアポなしの訪問になんかぜったい対応したりなんかしないんだけど、そのときは違った。どっぷりと動画の世界にハマっちゃってた私は、「え、ひょ、ひょっとしたら……？」なんて思っちゃって、アソコをベタベタに濡らした全裸のまま、ついふらふらと玄関へ向かい、息をひそめてドアの覗き穴から相手を窺って……。

そしたらなんと、そこに立っていたのはパリッとスーツを着て黒いアタッシェケースを提げた、私よりも少し年下っぽい男性で、しかも顔もなかなか悪くない。
キ、キタ～～～～～～～～ッ！
私、思わず心の中で喜びの絶叫をあげちゃった。

もう、これ以上ないほどの完璧な、もろセールスマン！

この時点で私にとって彼は、今の欲求不満状態を満たしてくれるために神様が遣わした（笑）使者でしかなくて……何度かチャイムを鳴らしても反応がないことに、あきらめたように彼がドアに背を向けて去っていこうとするところに、いきなりドアを開けてその手を掴むと、「入って！」と一言叫んで、室内に引っ張り込んでた。

そりゃもう向こうも驚いたでしょうねえ。真昼間、いきなりドアの向こうから現れた全裸の奥様にそんなことされた日にゃあ。私だったら腰抜かすかも？

でも当然、そのときの私にはそんなこと気にするような気づかいの心はこれっぽっちもなく……ただもう、自分とセックスしてくれるためにやってきた彼と、一分一秒でも早くヤリたくてたまらない状態！

「え、あ、あの……お、奥さんっ、ちょ、ちょっと……⁉」

「うん、いいの、買う！　なんでも買うから！　だから早く……シテッ！」

「い、いや、そんな……ま、まずいですってば、こんなの……っ！」

まだうろたえたままの彼が、つんのめるように靴を脱ぐのを無理やり引っ張って室内に上げると、私はその前にひざまずいてベルトを外し、チャックを下げ、下着ごと一気にズボンを引きずり下ろした。そして現れた、仮性包茎で皮をかぶってはいるけれど、なかなかボリューミーで存在感のあるオチン〇ンをパクリと咥え込んで……両手で左右の腰をガッチリとホールドしながら、顔を前後に激しく動かしてフェラチオしてた。この前にトイレに行ってからまだ間もないのか、皮を剥いた亀頭の先端は若干オシッコの味がしたけど、全然イヤじゃなくて……そんなのもまた、私のコーフンを煽り立てちゃったみたい。

ぐちゅ、ぬじゅ、じゅぶ、じゅるる、ちゅぱちゅぱ、るろるろ……どんどん膨らんでくる亀頭を舐め回し、吸い立て、見る見る怒張してくる太いサオをしゃぶり上げて……ああ、たまらないオスの性臭！

「はっ、あ、ああ……お、奥さん……ん、んんっ……」

もうこうなってくると、彼も細かいこと言ってる場合なんかじゃない。

わけもわからず咥えられ、感じさせられ、ビンビンに勃起させられて……その手もじっとしてられなくなって、私の乳房に手を伸ばしてムニュムニュと揉みしだき、コリコリきゅうきゅうと乳首を摘まみ、こね回してきて……。

「……ん、んぶっ、う、ぐふぅ……ん、んん………んあぁっ！」

その快感にたまらなくなって、私も思わず口からオチン○ンを放しちゃった。

いつの間にかその目から動揺の色が消え、完全に獲物を狙う野獣の表情になった彼が、とうとう自らネクタイを外し、スーツの上着を脱ぎ始めた。それがバサリと床の上に落ち、これで晴れて彼も私と同じように全裸になってくれて（まあ、黒い靴下だけは穿いた、ちょっとマヌケな格好だったけど)、ガバッと覆いかぶさってくると、私たちはカーペットの上にもつれ合うように倒れ込んだ。そしてシックスナインの体勢になり、お互いの性器をむさぼるように味わって!

「ジュブ、ジュルル、ンジュ、ンジュジュ〜〜〜〜!」

「んあっ、はぁっ、あ、あう……あぁぁっ……!」

ドロドロに蕩け乱れたアソコの肉びらをこれでもかと彼に吸われ、しゃぶられ、啜り上げられ……オナニーじゃ絶対に味わえない濃厚な性の刺激に、私はただただ悶えまくるのみ……そして私の手でしごきまくられた彼のオチン○ンも、今や信じられないくらい硬く大きくフル・エレクトしてて……!

「……ああ、も、もうダメ……ガマンできないっ! これを……このチョーぶっといオチン○ンを、早くオマ○コにちょうだいっ……!」

私はあられもなく懇願してた。

その熱くて硬い肉の塊を握りしめながら。

そして突き入れられた、待望の一撃。

私の淫乱な肉びらを割り開き、ヒクヒクと震える肉壺をえぐって。

「あ、あ、ああっ! ひ……ひいっ、いい! いいのぉ! 感じるぅ! 気持ちいい

～～～～っ！　んあぁぁあっ！」

「はぁ、はぁ、はぁ、はぁ……お、奥さんっ……！」

彼の怒濤の肉の抜き差しは見る見る速く、激しくなっていき、私はそれがもたらす極上至極の超絶カイカンに、ただもう全身を大きく反りかえらせて、あえぎ、ヨがり、感じまくるのみ！

そしてとうとう、絶頂の瞬間がやってきた。

「ああん、イクイク！　んあっ……イッちゃう～～～～～～～！」

「ああ、奥さん！　ぼくも……ぼくも、イキますっ……！」

最高のオーガズムと同時に、彼の大量の濃厚なザーメンが私のお腹の上にドバドバと放出されて、私はそれを指でネチャネチャともてあそびながら、心地よい余韻に浸って……で、ようやく肝心なことを聞いてた。

「ところで、あなたが売りにきたものは、なに？」

第二章

タブーの興奮に燃えて

■三人の手、それぞれが奔放かつ淫靡に、私の肉体の上で直接うごめき始めて……

私の半露出狂的痴漢やられプレイの悶絶一部始終！

投稿者 倉本さとみ（仮名）／29歳／専業主婦

私には、夫にも言えないヒミツの性的嗜好がある。

ただしこれ、寒い季節にはちょっと難しいのだけど。

それを、今から話したいと思う。

最近、それを実行したのは六月に入ってすぐ、梅雨入りにはまだ早いけど、日々だんだんと蒸し暑さが増して感じられるようになってきた頃。衣替えになり、半袖Yシャツ姿のサラリーマンや学生、短いキュロットパンツ姿で膝から下を出した若い女性の姿なんかも、けっこう見受けられるようになってきた。

そんな中、夫を仕事に送り出したあとの朝の八時少しすぎ、私は薄手とはいえ、たっぷり膝丈まであるロングの黄色いスプリングコートを羽織った姿で、満員の通勤客でひしめく電車に乗り込む。

ほとんどの乗客が初夏風の軽装ないで立ちの中、その姿はまあまあ異質に映るだろう。かと言って世間的には冷え性気味の女性も少なくないことから、それほど奇異な目を向けられるわけでもなく、私はごく自然に吊革を握る。

でも、ある特殊な一部の人々のアンテナには、私のその姿は敏感に引っかかってしまうと見えて、巧みに人込みを縫って近寄ってきた三人の半袖Ｙシャツ姿のサラリーマン風の男性たちに、私はまたたく間に包囲されてしまう。三方からぴったりと密着され、周囲からの視線をさえぎる壁を作ってしまわれたような格好。

そしてそんな彼らの密着感に、私は言いようのない興奮を覚えざるを得ない。

なぜなら、私が着ているスプリングコート一枚の下は、完全な全裸だから。

ブラジャーを着けず、八十八センチある、まだ張りを失わずに乳首がツンと上を向いた自慢のバストが、プルプルと豊満に揺れている。

パンティーを穿かず、土手高の恥丘は茂みが薄いため、ほぼ秘肉のワレメを剝き出す格好になっている。当然、まだ子供を産んでいないウエストからヒップにかけての滑らかで美しいラインも丸見え……。

ああ、このひしめく衆人環視の中、薄い布一枚隔てただけで己の肉体を晒しているという、半露出狂的ともいえるゾクゾク感！

そして、そんな私の異常な淫臭を敏感に嗅ぎつけてわらわらと近づいてくる、淫らな狩人ともいえる男たち！

……たまらないっ！

そう、これが私の、夫にも言えない秘密の性的嗜好。

己の半露出狂的性癖の解放と、それに応えてくれる痴漢との欲望の交歓！

こんな恥ずかしいこと、誰にも言えない。

こんな気持ちいいこと、誰にも教えたくない。

私は大きめのピンクのマスクの内側でハァハァと息を荒げ、とろんと潤んだ目をゆっくりと伏せ、男たちの接触に身を任せていく。

二人は白いマスクを、あと一人は黒いマスクをつけているけど、彼らも私と同じように興奮し、マスクの表面を慌ただしく波立たせながら、息を荒げているのがわかる。

まずコートの布地越しに、彼らの手が私の体中を這いずり、撫で回してくる……が、まるで一番美味しいものはあとにとっておこうとでもいうように、肝心な部分には触れず、その周辺……背中やヒップやウエスト、太腿といった箇所中心で、そのもったいぶったかのような愛撫は確かに心地いいのだけど、そうされればされるほど、私の中の悶々はどんどん高まってしまう。

ああん、早くオッパイに触れて！

オマ○コに触れて！

そんな性感の昂りと共に、乳房はパツンパツンに張り、乳首はツンツンに突き立ち、アソコはジュクジュクと湿り気を帯びていく……。

ああん、もう限界……たまらないっ……！

そう音をあげそうになったそのとき、待ちに待った一瞬が訪れた。

スプリングコートのボタンが三、四個外されたかと思うと、その開いた箇所から三本の手が一気に内側に入り込んできて、それぞれが奔放かつ淫靡に、私の肉体の上で直接うごめき始めて！

一本の手が右の乳首を。

もう一本の手が左の乳首を。

そしてあと一本の手がアソコを。

別々の三人の手は、当然三者三様の感触をしていて、さらに三者三様の動きで私の性感をもてあそんでゆく。

右の乳首は武骨な指先で荒々しく、半ば引きちぎらんばかりの激しさでこね回されるけど、その苦痛ギリギリの刺激がかなりいい。

左の乳首は打って変わって、男性にしては細く繊細な指で……あ、しかもどうやらツバをつけているらしく、ネットリと粘り着くようなタッチでこね回され、そのため息の出るような甘美な快感に陶酔してしまう。

そしてアソコ。

プックリと膨らんだクリちゃんを摘まみこねられ、もうグッショリと濡れてしまっている肉ひだを掻き分けられ、その奥まで突っ込まれた指を絶妙の動きで出し入れされて……エスカレートしていく喜悦の攻勢に脱力し、たまらず膝がガクガクと震えだしてきてしまう。

「……っ、んふぅ……うっく……」

それまで必死でガマンしていたのに、とうとう声が洩れてしまった。

すると、それが合図になったかのように、三人の責めは一気にギアを上げてきた。

三人が、私の手を奪い合うかのようにして自分の股間を触らせ、私は引っ張られるままに二本の手でズボン越しの彼らの感触を味わう。その大きさ・形はそれぞれだけど、まちがいなく言えるのは、皆が私のカラダに触れながら昂り、ビンビンに勃起してくれているということ。

ああ、まるで三人のチ○ポに犯されてるみたい……！

「ああ、あんた、すげえいい女だ……」

「ほんと、たまんねえよ……」

「だいすきですっ……！」

三人がそれぞれ、私の耳元でそう熱く囁きながら、クライマックスに向けて淫靡な疾走を始めたかのよう。

彼らの愛撫の激しさと深さはもうすでに限界を迎え、これ以上やると絶対に周囲の乗客たちに知られてしまうというギリギリのレベルで私を責め苛んでくる。

両乳首とアソコ……三点で炸裂する快感が、淫らな導火線のように私の体内を走ると、一点で交わり、最後の大爆発を起こした。

「……んっ………ぐぅ………っ！」

私はこれ以上ないほどのオーガズムに達して脱力し、しばらく三人の中心で皆に支えられるようにしてもたれ、その余韻に浸っていた。

「ありがとう」

その後、彼らはそう囁いて私から離れていった。

もうほんと、この興奮と快感はやめられそうにない。

■兄の男性器は私の口内で見る見る大きくなっていき、私もまたアソコを濡らして……

私の処女を奪った兄を求め続ける背徳のエクスタシー

投稿者 水田あおい（仮名）／26歳／ウェブデザイナー

実の兄にしか欲情しない私って、異常でしょうか？

そもそもの始まりは、兄のほうからでした。

私が高校一年、兄が三年のときでした。

夕方の六時すぎ、私が陸上部の練習を終えて（こう見えて、けっこう期待の短距離ランナーだったんです）へとへとになって帰ってくると、いつもどおり共働きの両親はまだ帰宅しておらず、ああ、どうせまた九時近いんだろうな、とか思いながら、とりあえず汗だくになった体をさっぱりさせたいと、シャワーを浴びるためにバスルームに行きました。どうせ兄も大学受験のための補習授業で、まだ学校のはずです。

私は学校の制服を脱いで下着を外すと、全裸になって栓をひねり、温かい水流を浴びながら八十四センチFカップの胸を揉み洗いし、あ〜あ、あたしってなんでこんなに胸あるんだろ？　もっと貧乳だったら記録も伸びるかもしれないのに…なんて、言っても仕方のないことを独り愚痴ったりしてました。

するとそのとき、いきなりバスルームの戸が開いて、裸の兄が入ってきたんです！

「えっ、ええっ⁉　な、何してんの、お兄ちゃん！　あたしが入ってるのわかってるでしょ？　寝ぼけてないでよおっ！」

そう叫んで必死で外へ押し出そうとしたのですが、いつもはおとなしくてやさしい兄が、そのときはなんだか野獣のように怖くて……押し黙ったまますごい力で私を押さえつけると、私のカラダにむしゃぶりついてきたんです。

乳房を荒々しく揉みしだかれ、乳首を強烈に吸われて……性に関してオナニー以外はまだまったくの未経験者だった私は、その初めて見舞われる痛みと恐怖にねじ伏せられるように委縮してしまい、抗うことができませんでした。

そして太腿の辺りには、兄の猛り狂ったかのようにいきり立っている男性器がペチペチと当たり、そのグロテスクで禍々しい威容に恐れおののいてしまいました。

「はぁ、はぁ、はぁ……ああ、あおい……っ……！」

兄は切羽詰まったように狂おしげな声をあげながら、私の背を壁に押しつけると両脚を左右に開かせ、あらわになった恥ずかしい部分に男性器をあてがうと、強引に肉をこじ開けてきました。当然、濡れてなんかいませんでした。

「あひっ！　ひぃ……やめて！　痛いよ、お兄ちゃん！　あ、ああっ……いやぁっ！」

　私はそのあまりの激痛に、喉も張り裂けんばかりに絶叫しましたが、兄は聞く耳を持ちませんでした。一段と腰に力を入れると、より深く男性器を私の奥まで突っ込んできて、依然として頭上から流れるままになっているシャワーの水流に混じって、自分の血が流れていくのが見えました。

　ああ……あたし、お兄ちゃんにヴァージン、奪われちゃった……。

　ショックのあまり呆然と脱力し、その場に崩れ落ちないように兄に体を支えられながら、ガクガクと突きまくられる私でしたが、そのうち痛みのピークは越えて、徐々になんとも言えずキモチいい感覚が体を覆っていくのを感じました。アソコの奥から、こそばゆいような、うずくような、たぎるような……それは、これまでのオナニーで感じたよりも何倍もすごい快感で、私は、

「んあ、あ、ああ……はっ、あん、あん、んんっ……んくっ、んあっ……」

　いつしかそんな甘い喘ぎをあげながら、兄にカラダを任せてしまっていました。

　さすがにそのときは絶頂に達するまではいきませんでしたが、兄のほうは果て、直前に私の中から男性器を引き抜くと、床を流れるお湯の中にピュッ、ビュルルルッ！と、たっぷりの白濁液を吐き出していました。

その後、兄は私に土下座をして謝りました。

思うように成績が上がらず、志望校合格見込みは遠ざかるばかり……そんな受験のジレンマとプレッシャーに煮詰まってしまったあまり、どうにも自分が抑えられなくなった挙句の懊悩を私にぶつけてしまった、と……それは赤裸々な心情の吐露であり、心の奥底からの謝罪のように見えました。

「本当に悪かった。これから、せめてもの罪滅ぼしに、おまえのいうことは何でも聞くよ。命に代えて約束する」

「うん……わかった。とにかくお兄ちゃん、受験がんばってね」

そのとき私はそう応え、一応、兄を許す形になりました。

……一件落着……。

でも、実は事態はそう簡単なものではなかったんです。

その後、立ち直った兄は必死の努力で志望大学に合格して花の国立大生となり、私のほうもまああの有名私立女子大に進学しました。そして今、兄は一部上場の大企業に勤め、前途洋々のエリートサラリーマン、私は結婚後、在宅でウェブデザイナーの仕事をしているわけですが……あ、そう言ってるうちに、兄が私の住むマンションを訪ねてきました。ええ、私が呼んだんです。

平日の午後三時。

勤め人の私の夫は当然不在で、私はにこやかに兄を室内に迎え入れました。

「いらっしゃい、お兄ちゃん」

「……あのな、あおい……俺もさすがにこうしょっちゅう呼び出されると、会社での立場的にも、あんまりよくなくて……勘弁してくれないか？」

「はあ？　だって、何でも私のいうこと聞いてくれるって言ったの、お兄ちゃんのほうじゃない！　あれはウソ⁉」

「い、いや……もちろん、本気さ……でも、こんなの絶対によくないよ！」

「何言ってるのよ！　元はといえば、お兄ちゃんのせいでしょ？　私を……私のカラダを、こんなとんでもないふうに変えたのは！」

「……うっ！　そ、それは……っ……」

「さあ、早く抱いてよ！　お兄ちゃんのその太いチ○ポで、私のオマ○コ、突いて突いて、突きまくってよぉっ！」

……そう、お察しのとおりです。

私は高校一年のあの日、受験ノイローゼ寸前の兄に無理やり犯され、ロストヴァージンさせられた挙句、そのせいで、こんな歪んだ性癖のカラダに……実の兄とのセックスでないと、心底イクことのできないカラダになってしまったんです！

私はその性癖を、欲望を無理やり抑えつけ、大学を卒業して就職するまで、何食わぬ顔でずっと過ごしてきたのですが、その後結婚してほどなく、夫とセックスレスの関係に陥ってしまったことによって強度の欲求不満を抱え込むようになり、とうとう枷が外れ、己の本当の欲望が爆発してしまったんです。

それからは少なくとも二〜三週間に一度は、私の勝手な都合で兄を自宅マンションに呼びつけるようになりました。もちろん兄も結婚していて子供が二人いますが、それゆえに体面的にも、過去に私にしたことが明るみになるわけにもいかず、唯々諾々と従うままになっているというわけです。

「あ、でも、今日は久しぶりに一緒にシャワーを浴びましょうか？」

「……えっ……？」

「そう、お兄ちゃんが私を無理やり犯した、最初のあの日みたいに……」

そう言いだした私に、兄は一言も文句を言うこともなく従い、私に続いて服を脱ぐとバスルームに入ってきました。

シャワーの栓をひねり、噴き出す熱い水流を頭から浴びながら、私は立ち尽くす兄の前にひざまずきました。そしてその股間にぶらさがった男性器を手を使わずに咥え込むと、開いている両手を上に伸ばして兄の左右の乳首をいじくりながら、顔を前後に動かしてじっくりとフェラチオし始めました。もうすっかり兄の感じるツボは知り尽くしているので、乳首を絶妙の力加減でこねくり回しながら、喉奥でディープスロートしてあげると、兄はたまらずその快感に悶絶します。

「んあっ、あ、ああ……あ、あおい……んくっ、うぐぅ……」

兄の男性器は私の口内で見る見る大きくなっていき、その淫らな変化をじっくりと味わいながら、私もまたアソコをぐっしょりと濡らしてしまいます。

「ああ、はぐっ……んじゅぶっ、んぐぅ……お兄ちゃんのオヒ○ポ、おいひいわぁ……大好きよぉっ……んぶっ、ぐぷ、じゅるじゅるぅ……」

「あ、ああっ、だ、だめだっ……あおい、もう出ちゃいそうだっ……ああ！」

「いや！　いやよ！　まだ出しちゃダメ！　このパンパンにいきり立った状態で、私のオマ○コ犯してくれなきゃ！　さあ、ほら、オチン○ン、突っ込んでぇっ！」

私は立ち上がると、壁に左手をついてお尻を兄のほうに向けると、右手でアソコの肉びらを思いっきり押し広げながら、あられもなくおねだりしました。

「ねえ、早くぅ！　さかりのついた犬みたいに……あのときの、我を失ったお兄ちゃんみたいに、私を犯してぇっ！」

「……あおい……っ……」

兄は背後から私の左右の腰のくぼみのところを掴むと、ぐいっと自分のほうに引き寄せるようにして、バックでアソコに猛った男性器を突き入れてきました。私が愛してやまない固くて太くて熱い肉感が、ズブズブと肉びらを穿ち、ズンズンと奥のほうまでえぐり犯してきます。

「ああっ、あ、あん、あぁぁ……いい、いいのお！　やっぱりお兄ちゃんのオチ○ポ、サイコーッ！」

「ああ、あおい……あおいぃっ……！」

「はぁっ……くる、くるわぁっ……あ、ああああ～～～～っ！」

「お、俺も……うっ、うぐぅっ！」

シャワーのお湯で二人ずぶ濡れになりながら、私たちは獣のように激しく淫らにイキ果てました。やっぱり兄とのセックスは他の何よりもすばらしい。

私はこれからも兄に欲情し続けることでしょう。

■彼女ら三人の責めが一つに合わさり、さらに複雑で大きな快感を生み出して……

女同士の底なしのカイラク園と化した温泉旅行の夜

投稿者 光村愛（仮名）／28歳／パート

つい一ヶ月ほど前から今のスーパーでのパート勤めを始めたんですけど、そこで仲良くなったパート仲間から旅行に誘われました。もちろん、皆、家庭がある主婦なので、せいぜい近場への一泊二日がいいところですが、私はとにかく旅行と名のつくこと自体が、夫との新婚旅行以来五年ぶりなので、もう行きたくて、行きたくて……夫に話すと、「家計が許すんなら、いいんじゃない？　一晩くらい、俺もあれこれ自分で何とかするからさ。行っておいでよ」と言ってくれました。そのうちもし子供でもできたら、きっとますます機会もなくなるでしょうし……。

私は参加する旨を皆に伝え、実施日は皆の都合をすり合わせた翌週の土日ということになりました。行先は電車で片道二時間の温泉地です。

当日、好天にも恵まれ、朝の九時に出発駅に集合した、私も含めて全四名の参加メンバーは各々昼食用の駅弁を買い込み、ウキウキ、キャイキャイしながら電車に乗り込みました。目的地に着くまでの二時間、それはもう楽しい旅程でした。

そして到着すると、昼間は現地の観光スポットをあちこち巡っては、ご当地スイーツなんかを食べ歩き、夕方近くの午後四時少し前に旅館にチェックインしました。

まずは温泉で汗を流し、一泊一万円にしては豪勢でおいしい料理とお酒に舌鼓を打ち、すっかり大満足で、再び皆で温泉に浸かりました。

そして、仲居さんにきれいに布団を敷いてもらった八畳の客間に、皆が落ち着いたのは、もう十時近い頃だったでしょうか。でも、リーダー格の陽子さん（三十四歳）が「なんだかちょっと飲み足りないね」と言いだし、一階ロビーの自販機で缶ビールを数本買ってくると、夜中のプチ飲み会が始まりました。

「ほら、愛ちゃんもグイッといきなよ」

中で一番年下の私は、ちゃん付けで呼ばれ、一番のベテラン・パートの真奈美さん（四十歳）からコップにビールを注がれました。まあ、私も嫌いなほうじゃないので、喜んでいただいた次第ですが、そうやってさしつさされつしているうちに、皆がなんだか妙な雰囲気になってきているようなのに気づきました。

湯上りの浴衣の、襟元がはだけ気味で胸の谷間がちらちらと覗き、裾も乱れて太腿があらわになって……さらに酔いが回ってくるに従って、皆の肌にもほんのりと赤みがさし、目が潤みを帯びて妖しく艶めいて……。

と、私の背後で「クチュ……」と、妙に粘っこい音がしたので振り向いて見ると、なんと陽子さんと、あと一人のメンバーである美晴さん（三十三歳）が女同士でキスをしていたんです。二人とも目をとろんと半眼に伏せて、お互いに舌を出して絡ませ合い、クチュ、ジュルル、ヌチュ……と双方の唾液を啜り、味わっているようでした。

「……え、陽子さんと美晴さん、いったい何を……?」

私は驚いて真奈美さんのほうに顔を戻し、この異常な状況を訴えようとしたのですが、「レロリ……」というこびりつくような濃厚なキスで、なんと今度は私が真奈美さんに唇をふさがれてしまったのでした。

「……ん、んむむ……う、うぐぅ……」

私はうろたえながらも、腕をばたつかせて必死で真奈美さんを押しやろうとしたのですが、大柄で豊満な彼女の肉体はビクともせず、ますます私の唇を吸いむさぼり、激しい勢いで唾液を啜りあげてきます。するとそのうちアルコールの影響もあってか、私も抗うのに疲れてきてしまい、もういいや、的な気分になって全身が脱力状態に陥りました。

そこで気がつくと、いつの間にか陽子さんと美晴さんもこちらに来て、私は彼女ら三人に囲まれる格好になっていました。（……え、みんなして、何しようとしてるの……？）と、わけがわからずにいると、おもむろに皆が浴衣を脱ぎ始めました。敷かれた布団の上にだらしなく横たわった私の目に、まるで上から見下ろすように陽子さんの色白で形のいい美乳が、真奈美さんのまるでスイカのような爆乳が、美晴さんの小ぶりだけどなんともエロい淫乳が、一気に飛び込んできて、ある意味壮観でした。

「さあ、今度は愛ちゃんのオッパイをじっくり拝ませてもらおうかしら。温泉ではうまく隠されちゃってあんまり見えなかったから、もう早く間近で見たくてしょうがなかったのよ～」

陽子さんがそう言いながら私の浴衣の帯をほどき、胸元をガバッと開いてきました。

「うわぁ、ピチピチして張りのある、フレッシュなオッパイだこと！　やっぱり若いっていいわねえ。おいしそうすぎてヨダレが出ちゃうわぁ！」

真奈美さんがそう歓喜の声をあげ、美晴さんもがぜん身を乗り出してきました。

そして三人同時に手を伸ばし、顔をぐっと近寄せて、私のカラダに愛撫の雨を降らせてきたんです。

陽子さんが左の乳房に、真奈美さんが右の乳房にとりつき、それぞれ揉みしだきながら乳首をチュウチュウと吸ってきました。時には同じタイミングで、時には互い違いのタイミングで……予測不能の吸引のリズムがサプライズな快感を呼び、「あひっ、ひぃ……んあぁッ！」私はたまらずヨがり叫んでしまいます。

美晴さんだけは私の下半身にとりつき、股間に顔を寄せ……サワサワと淡い茂みを掻き分けながら、舌先でクリトリスを転がし、肉ひだの重なりを啜りねぶり回してきました。溢れ出した淫汁がヌチャ、クチャとあられもない音をたてて粘り付き、「んあぁッ……はぁ、ぁあああっ……」と、私はますます乱れ啼いてしまって……。

そんな三人の責めが一つに合わさり、さらに複雑で大きな快感を生み出すものだから、もうたまりません。私は背骨も折れんばかりに全身をのけ反らせながら、ひたすら悶え喘ぐしかありませんでした。

「あ、ああ……あう、うう、い、いい～～～～～～～～ッ！」

「ああ、愛ちゃん、ほら、私のオッパイも吸ってぇ～～～！」

そう言うと、今度は真奈美さんが爆乳を私の顔に押しつけてきて、私は今にも窒息せんばかりの苦しみに喘ぎながらも、必死で彼女の大粒の乳首を吸いしゃぶりました。

「ああっ、そうよぉ……いいわぁっ！」

「ああん、真奈美さん、あたしもぉっ……！」

たまらず陽子さんもそう呻き、真奈美さんはそれに応えて、私に乳首を吸わせたまま、自分は陽子さんの乳房にむしゃぶりつき、チュバチュバと激しく音をたてながら吸い始めました。そして彼女ら二人の手はもつれ合うように私の乳房をいじくり、美晴さんはといえば、前の穴から溢れ流れた淫汁が伝い落ちていく私のアナルにまで舌を伸ばして、ペチャペチャと舐め啜っています。

もう、四人のカラダがくんずほぐれつ、淫らかつ複雑にからみ合い混じり合って、私たちは快感をむさぼる一つの肉の塊になっているようでした。

「ああ～ん、私ももうガマンできないよ～っ！　誰か私のオマ〇コも舐めてぇ～！」

とうとう美晴さんがそう叫ぶと、それを機にいったん皆が体を離し、今度は新たな体勢になってお互いのカラダを愛し、愛され始めました。

「さあ愛ちゃん、ここまでくればあなたももう大体のことはわかったわよね？　そう、あたしたち、実はたまにこうやってレズHを愉しみ合う、誰にも内緒の仲間同士なの。で、今回、とっても魅力的なあなたをその仲間に引き込みたいっていう皆の総意で、この旅行を計画したってていうわけ。ごめんね、無理やり仲間にしちゃって……でも、女同士って信じられないくらい、気持ちいいでしょ？」

今度は私のオマ〇コを指で掻き混ぜながら、陽子さんが言いました。

「あ、ああん……は、はいっ……と、とっても……気持ちいいですぅ……仲間に入れてもらえて、嬉しいですぅ……あ、あふん……」

私は彼女の指の動きに翻弄されながら、必死でそう応えていました。

それは偽らざるホンネでした。

レズH初体験の私は、ものの見事にその底なし沼のような快感の虜になってしまったんです。男とのエッチでは決して味わえない、そのいつ果てるともしれないエンドレスなエクスタシー……。

「そう、よかった……じゃあ、これからも、いっぱい、いっぱい愛し合って、お互いにとことん愉しみましょうね？」

「はい……よろしくお願いします……」

そうやって、その夜は一晩中、四人でお互いを愛し合い、むさぼり合って……おかげで翌日はすっかり睡眠不足でちょっとしんどかったですが、それ以上の悦びと満足感を味わえた私でした。

この沼から、当分抜け出せそうにありません。

■私はギンギンに太く固く勃起した二本のたくましいペニスを両手に握らされて……

会社経営のストレスを部下二人との快感密交で発散して

投稿者　柴田美月（仮名）／37歳／会社役員

私は亡き父の跡を継いで、副社長として和菓子製造メーカーを切り回している。名目上、社長は夫だけど、婿養子の彼はあくまで今後の跡継ぎをつくるためだけの存在で、一応二人の間には男の子が生まれたので、いわばもう最低限のお役目は果たした形。経営の実権はこの先も私にあり、夫はお飾り社長に過ぎないというわけ。

なので、ほとんど働く必要性のない夫は、これ幸いとばかりに遊び回り、外で女遊びもし放題で、家にはほとんど寄り付かない始末。まあ私としても、万が一、外に子供なんかつくって相続問題をややこしくしたりしない限りは、そんな夫を大目に見ているという感じかな。最初から後継ぎづくりの道具でしかないわけだし。

代わりに、自ら望んだこととはいえ、まあ私の仕事の忙しいこと！

おかげさまで商品の売り上げは好調で、会社の業績も右肩上がりなのだけど、同時に私の双肩にかかってくるそのストレスやプレッシャーも、もうハンパない。何かでガス抜きしないことには、そのうち私、ぺちゃんこに押しつぶされちゃう。

そんな状態がマックスに達したとき、私は指令を発動する。

「向井くん、原くん！　二人とも、今日二十一時に副社長室に集合！」

二人とも、うちの二十代の若手男性社員。イケメンで、気力・体力とも全開バリバリ、将来性十分の存在だけど、今日集合させるのは、仕事のためじゃない……いや、大きくいえば、私をガス抜きして、より効果的に仕事効率を上げるためではあるのだけど……。

「副社長、ただいま参りましたー！」

指定の時間に私の部屋のドアがノックされ、二人が声を揃えて入ってきた。

特に二人は営業外回り担当ということで、一日の業務を終えてさぞ疲れているだろうに、そんな様子などこれっぽっちも窺わせない、いつもどおりの溌剌イケメンっぷりに、私は思わず嬉しくなってしまう。

そんな二人に向かって、私はいつもどおり、こう言う。

「ご苦労様。じゃあこれからは私のこと、美月って呼び捨てにすること。ですます尊敬語も厳禁。わかったわね？」

ニヤリと笑みを浮かべてうなずく二人。

さあ、私のガス抜きのための、性の無礼講の始まりよ！

私たちは三人とも服を脱ぎ、どこぞの市長じゃないけれど、部屋備え付けのシャワールームに入っていく。もちろん、社長室にはこんな設備はない。

三人で熱いシャワーを浴びながら、二人がたっぷりのボディシャンプーを泡立てて私のカラダ中に塗りたくっていく。彼らのたくましいけどしなやかな手がヌルヌルと肌の上を滑り、乳房を、尻肉をヤワヤワと揉みしだき、腰から下腹部にかけてを悩ましげに撫で回してくる。

「あ、ああ……はっ、あん……んふぅ……」

「ああ、美月……相変わらずエロいカラダしてるなあ。ほら、ちょっとこね回しただけで、乳首もう痛いくらいに突っ張ってるぜ？」

「うんうん、下のほうももうすげぇぜ。泡のじゃないヌルヌルが溢れ出して、あっという間に何本も指が呑み込まれちまいそうだ！」

二人が、私の耳朶を嚙まんばかりに唇を触れさせて、そんなふうに囁くものだから、そのゾクゾク感も相まって、私は余計に昂り感じてしまう。

「あ、ああん……だって、二人のタッチがキモチよすぎるんだもの～っ……」

「ほら、俺らのも触ってみなよ。これ、好きだろ？」

私は左右下方に両手を導かれ、同じく泡まみれになった彼らの股間に触れる。二人とも負けず劣らない、ギンギンに太く固く勃起した二本のたくましいペニスを握らされ、その魅惑すぎる触感に思わず恍惚としてしまう。

「あ～ん、大好き～～～～っ！」

そしてそのパンパンに膨らんだ二つの亀頭を握り込むと、泡のぬめりを利用してニュルニュル、ズリュズリュとしごきたててあげて。

「んん～～～っ、気持ちいい～～～～っ！」

「はぁぁあっ……たまんねぇ～～～～っ！」

と、二人の喘ぐ声を聞いてるうちに、私はますます淫らな気持ちになってしまい、

「はぁぁあっ……おねがい、しゃぶらせてぇ～～～～～っ！」

と、恥も外聞もなくおねだりすると、二人は、

「ふっ、しょうがねぇなぁ～っ、このドスケベマ○コは～～～っ！」

と言いながら、シャワーで股間の泡を洗い流し、私はさっぱりときれいになったソレに喜び勇んでむしゃぶりついてしまう。二人を両脇に立たせたまま、その間にひざまずくと、左右の手でそれぞれのペニスを捧げ持ち、首を振りながらかわりばんこにしゃぶりまくる。チュパチュパ、ングング、ジュルジュル、レロレロ……。

「あはぁ～～～～っ、オヒンホ、おいひぃの～～～～っ……！」

すでに二人とも、先端からジワジワと滲み出させたカウパー液の濃厚なテイストをたっぷりと味わいながら、私は自分のアソコも負けないくらいのラブジュースを垂れ流していることを、痛いくらいに自覚してる。

そして、たまらず大声で叫んでしまう。

「あ～ん、おねがいぃ～～っ、このおっきなオチ○ポ、私のオマ○コに思いっきり突っ込んでぇ～～っ！　子宮がこわれちゃうくらい、奥の奥までブチ込んでぇ！」

「やれやれ……ほんと、美月はクサレマ○コだな～！」

「よしよし、じゃあお望みどおりにしてやるよっ！」

二人は私を蔑むように見ながら口々にそう言うと、私の背を押して床の上に四つん這いにさせてきた。そしてまずは原くんが背後につき、バックから私の濡れ濡れマ○コにペニスを突き入れてくる。ニュブ、ブブ、ヌブブ……と、太くて固い肉棒の感触が私の肉穴をみっちりと押し広げてきて、その待望の快感に頭の中が白くスパークしてしまう。でも、前からは向井くんのペニスが口の中にねじ込まれてくるので、ヨガって喘いでる場合じゃない。私は腰を振りたてながら必死でフェラにも励んで、そのチ○ポ串刺しのような状態で全身をのたうたせるばかり。

「……んぐっ、ふぅ……ううっ、んがっ……んんん～～～～～～っ！」

「おお～、いいぜぇ～～～～っ……美月のマ○コ、俺のチ○ポ、キュウキュウ締めつけてきやがる……くぅっ、気持ちよすぎる～～～～っ！」

「俺のチ○ポももうパンパンだぜぇっ！　美月のフェラ、サイコ～～ッ！」

そして次の瞬間、私の中で原くんのこわばりが弾けて、体内にドクドクと大量の熱い液体が流れ込んでくるのがわかる。

「よ～し、次は俺の番だぁ～っ！」

そうわめいて、今度は向井くんがバックから侵入してくる。

「あ、ああっ……あ、いい……イク～～～～ッ！」

と、ほどなく私も最初のオーガズムを迎える。

そしてそうやって全二時間にわたって、私たちは上になり下になり、くんずほぐれつ性の快楽をむさぼり合った。

ほんと、最高のガス抜きだわ。

私、まだまだこれからがんばって、業績上げられそう！

■私はフェラをしながら、同時に左右の手にペニスを握らされ、手コキを強制され……

彼氏の借金のカタに味わわされた四人凌辱プレイの衝撃！

投稿者　澤本真理奈（仮名）／26歳／専業主婦

この本の主旨が、あくまで既婚女性の官能体験を綴ることだということは、重々わかってはいるのですが、今日は私がまだ二十歳の独身の頃のお話をさせていただいてもよろしいでしょうか？

ご承諾のほど、恐れ入ります。

その頃、私はまだ大学生で、今思い返すと正直、男を見る目がなかったのでしょう。つきあう相手は、一緒に歩いてまわりからうらやましがられるような見た目のいいイケメンばかりで、人間性など二の次でした。だから当然、そういうほとんどの相手とは長続きせず、まあ私もけっこうモテるほうだったもので、さして気にすることもなく、次から次へとっかえひっかえという、ろくでもない女だったわけです。

でも、ついにそんな私を見かねてか、神様にきついお灸をすえられるときがやってきてしまいました。

　その日、私はこれまでつきあってきた中でもナンバーワンといってもいいほどのイケメン彼氏、淳平（当時二十四歳）に、とある場所に連れていかれました。そこはどう見ても怪しげな、場末の古びたボロボロのマンションで、昼間だというのに薄暗く、廊下にはたくさんのゴミが散らばっている有様でした。

「ねえ、淳平、ここ大丈夫？　すっごくヤバそうなんですけど？」

と、まだ本当のコトのヤバさを知るよしもない私は、だからこそ軽口めいたノリで訊ねましたが、彼はいつものヘラヘラした口調で、

「大丈夫、大丈夫！　オレの一番のダチのところだからさ。今日はわざわざ真理奈の誕生日を祝ってくれようってんだぜ？　ありがたく思わないと！」

　と答え、私もすっかりそれを鵜呑みにしてしまい、

「うん、サンキュー、サンキュー！　ありがたい、ありがたい！」

と……いま思い出しても、危機意識まるでナシの大馬鹿オンナで……そのマンションの最上階六階の一番端にある部屋へと、とうとう足を踏み入れてしまったんです。

でも、淳平が鳴らしたチャイムに応えて開いた玄関ドアの先、おそらくダイニングキッチンだと思いますが、そこは小さなすりガラスの窓を通してうっすらと差し込む日光のおかげで、なんとか冷蔵庫やテーブルが置かれているのがわかるものの、よく

目を凝らさないと見えないほどの暗さで……さらにその奥のリビングらしき部屋に至っては、真っ暗といっても過言じゃないほどの闇でした。

「……ええっ！　何コレ何コレ？　こーゆーサプライズ？」

無理やり明るい口調を保ったものの、さすがの私も、いま自分が尋常ではない状況に追い込まれてしまったことを、いやでも意識せざるを得ませんでした。

私の問いかけに淳平が何も答えてくれずに黙ったままでいると、奥の部屋の暗闇のほうからガサゴソと人の動く気配が感じられました。

しかも一人ではありません。

二人……いや、三人……ええっ、四人はいる⁉

「へーっ、かなりの上玉じゃねーか」

「ほんとほんと！　淳平これまで、カネは返す返すってウソばっかり言ってやがったくせに、こっちは本当だったんだな。彼女はすげーイイ女じゃん！」

「……な？　だろ？　これでオレが借りた二十万はチャラに……」

「調子に乗んじゃねーぞ！　チャラにしてやるかどうかは、コイツをヤッてみた具合次第だ。つまんねーマグロ女だったら、逆に利息増やしてやるからな！」

「……そ、そんな〜〜〜〜」

オラオラ口調で責め立てる、いかにもヤカラ系の男たちと、おもねるように、今にも泣きそうな情けない口ぶりの淳平とのやり取りを聞きながら、どれだけニブイ私でも、状況がわかろうというものです。

淳平は、この連中から借りたカネが返せず、そのカタとして私を差し出したということです。いやマジもうサイテー！

これが、私が男は顔じゃなく、その中身で選ばなくちゃダメ！ということを人生で初めて骨身に染みて痛感した瞬間でしたが、だからといってそれに免じて、この連中が私のことを見逃してくれるわけではありません。

「い、いやーっ！」

私は大声で叫んで暴れ、窮地を逃れようとしましたが、すぐに連中に押さえ込まれ、

「ふっふふ、どんだけわめいたってムダだよ。ここは、俺らが連れ込んだオンナたちをヤリまくる『レイプ部屋』として、絶対に外に声や物音が洩れないよう、完全防音に内装をカスタムしてるんだ」

と言われ、続いて引きむしられるように着ていた服を脱がされ、下着も取り去られてしまいました。

私は全裸で部屋の中央に投げ出されると、それを取り囲んだ四人の男たちが、自分

らも服を脱ぎながらにじり寄り、私の周囲の輪を狭めてきました。

そしてとうとう私は、全員が全裸で、すでに各々のペニスを隆々とそそり立たせた男たちに四方を囲まれ、見下ろされる格好になりました。

そして、

「あー、たまんね！　顔もいいけど、このカラダ！　でっかい乳にキュッと締まった腰……太腿もムッチムチで、マジ見てるだけでビンビンになっちまうぜ！」

「ああ、激しく同意！　さあほら彼女、言ってもオレら、無理やり暴力ふるってヤリてえわけでもねえし……痛い目見たくなかったら、おとなしく、でも一生懸命ご奉仕してもらおうかな？　うん？」

「さあさあ、ほらほらほらっ！」

連中は口々にそんなことを言いながら私との距離を詰め、私は首から上に向かって四本の勃起したペニスをぐいぐいと押しつけられました。するとそのうちの、リーダー格と思われる男の一番太いペニスが私の唇を割って押し込まれてきて、喉奥まで深く達して……。

「……んぐふ、ぐう、はがっ！　うぐぅ……んっ、んっ、んっ……！」

私は気道を塞がれ、その息苦しさにむせ返りながらも、必死で舌と唇を使い、喉を開け締めしてペニスを刺激し、相手が少しでも快感を感じてくれるよう努めるしかありませんでした。

「お、おおっ……いいぞ、キュウキュウといい感じで亀頭を締めてきやがる！」

リーダー格が上ずったような声でそう言うと、続いて我も我もと他の連中も迫ってきて……私は口でフェラをしながら、同時に左右の手にそれぞれペニスを握らされ、手コキを強制されました。さらに残るもう一人も、器用に体をねじらせながらペニスを乳房に押し当て、乳首をこね回してきて……私は四本のペニスに蹂躙される格好になりました。

「ああ、ああ……いい、いいぞ！」

「ほらほら、もっと激しくしごいて……そうそう！」

「ううっ、オッパイ柔らかくてキモチいい～～～っ！」

「……んぐっ、うう、うぐ、んぐふっ……」

私は、ペニスを咥えた口から自らの唾液と相手の粘液が混ざり合った汁をダラダラと垂れ流し、両手と乳房もそれぞれ三本のペニスの先走り液まみれになりながら無我夢中でしたが、とうとうリーダー格が、

「うっしゃあ、さあ、いよいよマ○コに突っ込むぞぉっ！」

と一声叫ぶや、他の連中を跳ね飛ばして私の体を押し倒し、ガバッと覆いかぶさってきました。そして、さっきまで喉奥を犯していた極太ペニスが、今度は私の女性器をえぐってきて……！

「うっわ！　なんだ、もうココ、ヌレヌレのグジョグジじゃねーか！　上玉の上にインランときた日にゃあ……マジ、サイコー！」

喜々としてそうわめきながらピストンを繰り出して。

そう、私は、この見ず知らずの男たち四人に無理やり犯されるというシチュエーションに言いようもなく興奮し、感じてしまっていたんです。それは、今まで一度も味わったことのない、恐ろしくも甘美な感覚でした。

それから入れ替わり立ち替わり、延々と凌辱されまくり、そして感じまくってしまった私……それこそ数えきれないほど、私はイッてしまったのです。

もちろん、淳平とはその日に別れることになりましたが、別れられないのは……一度体に刻み込まれてしまった、四人凌辱プレイの衝撃快感の記憶。

私はこの先一生、その記憶にとらわれ続けるのでしょう。

■それは夫はもちろん、結婚前につきあった男のブツのどれよりも大きくて……

SNSで知り合った「彼女」の巨大なブツで刺し貫かれて！

投稿者 長谷川由夏（仮名）／28歳／専業主婦

私の夫ときたら、最近ネット麻雀にハマり過ぎて私のことなど放ったらかしなの。セックスレス一年よ、まだ結婚して二年半だというのに！　文句言ったら「由夏も何か夢中になれるものを見つけたらいいじゃないか」って言うんだけど……友だちの中には、ジャニオタとかアニオタとかいるけど、私は全然興味湧かない。ネットは唯一、SNSのお料理レシピを覗くぐらいだもん。

そんなある日のこと、そのお料理レシピの一言に目が留まったの。『この一品でパートナーの胃袋をワシづかみ、二度惚れされること間違いなし！』……そっか～、セックスレスの理由はこんなところにあったのかもしれない。なにしろ私のおかずはワンパターン、しかも一週間に二回はデリバリーしちゃってるし……。

さっそくレシピ通りにお料理作ってみたら、夫は大喜びよ。でもついついワインを飲み過ぎて、その夜ベッドインとはいかなかったけど……。

「また、美味しい料理作ってくれよな」って夫はキスしてくれた。それが嬉しかったから私、そのレシピを紹介してくれてたミキさんって人にダイレクトメールを送ったのね。そしたらミキさんが早速お返事下さって、「もっと色々教えてあげましょうか？今度オフ会を開催するので、ウチにいらっしゃいますか？」って誘ってくれたの。「嬉しいです、是非お邪魔させてください」ってメールを返したわ。SNSに載ってるミキさんの色んなお料理を改めてよく見てみると、どれもレシピ自体は簡単なのに、飾りつけに工夫がされてたり可愛い食器に盛られてたりして、カフェやレストランで出てきそうなほど素敵なのだ。オフ会に行ったらまずミキさんにそのことを伝えようと私は考えてたの。

メールで教えてもらったミキさんのマンションはすぐわかった。驚いたことにウチからJRの駅で三つ行ったところ、ドアツードアで三十分もかからなかった。

手土産はさんざん迷ってピンクのバラの花束にしたの。お菓子類がいいかなとも思ったんだけど、ミキさんはスイーツ作りの達人でもあるからやめたわ。他の人の書き込みでも見たわ。「ミキさん、是非スイーツのお店を出してください」って。ミキさんは「ミキの焼いたクッキーやケーキなんて全然たいしたことないですぅ～」って謙遜してたけど。本当に美味しそうなの！　もしかして今日のオフ会でご相伴に預かれるだろうか？　なんてずうずうしいことを考えてたりする由夏さんなのでした～～(笑)。

ピンポーン～～。メールで教えてもらった三〇二号室のドアの前に立ち、応答を待ってたら、いきなりガチャッってドア扉が開いた。「あ……」

そこに立っていたのは若い男性で、そっか、オフ会って男性の参加者もいるんだわ、と思った時、「いらっしゃい。桃田ミキです。すぐにここ、わかった？　さ、上がって」と彼は言ったの。

「え、ミキさん……男の人だったんですね？」用意されたスリッパを履きながらそう言うと、「え、ミキ、女だなんて言ってたっけ？」と逆に聞かれ、そ、そうか、私が勝手に脳内変換してただけだったんだ。でも、男の人があんなに繊細なお料理作ってたなんて想像出来ないわよ……しかもこの人、自分を『ミキ』って呼ぶから余計まぎらわしいわ……そう思いながら、手土産の花束を渡すと……、

「綺麗な色のバラね、ありがとう！　じゃあソファに腰掛けて待ってて」

「はい……他の人はまだ来てないんですね？」

「それがね、他の皆さん、急に都合が悪くなったそうだから、今日は二人で楽しくやりましょ！　まずはカンパイね」

とミキさんは、ワイングラスを私に差し出したの。若い男性と二人きり（しかもミキさんてば結構イケメン）で、私の心臓はにわかにドキドキし始めた。動揺してることに気づかれないよう、グラスに注がれたロゼワインを私は思わず一気に飲み干しちゃったの。そしたら……当たり前だけど、酔いが回ってしまって……。トロ～ンとまどろんでると、ミキさんはキッチンから色んなお料理をリビングテーブルの上に運び始めた。「空腹だとお酒回るわよ。さぁ少し食べて……」

「は、はぁい」……舌が回らない。と、その時。

ミキさんはスティックサラダのセロリを一本抜いて、私の右胸の上を撫で上げた。

「ヒィッ……！」「ふふ、感度いいじゃない。じゃあこっちはどぉ？」

ミキさんは意地悪そうな笑みを浮かべて、今度は左胸の先端をツンツン突き始めたの。これには「やめて」というより先に、正直な体が快感にのけ反ってしまった。ミキさんは私をソファに押し倒し、無遠慮にTシャツをたくし上げてきたわ。そして慣れた手つきでブラジャーをずらし乳房を鷲掴みにされ……「あ、あの……」このまま、されるがままになっていいのかどうかもわからない。

「え、なに？　ダメ……なの？」ミキさんは私の乳房を揉みながら言ったの。

「そ、その……だって……」この部屋に来てまだ十分足らず……ろくにまだミキさんと会話らしい会話もしてないのに……？

「ごめん、じゃあもうしない。やめるよ」彼は案外あっさりそう言って、私の体から離れようとして、それはそれで寂しかった。

「やめないで！」本音が口を突いて出てしまったのは、たぶんお酒が回ってるせい。

「何してほしいの？」ミキさんが耳元で囁く。

「……舐めて」「こう？」ミキさんがペロンと私の乳首を舐めた。

「あっう……！」「ミルクプリンみたいで美味しいなぁ～」ペロンペロンとミキさんが舐め続けたから、乳首はすぐに勃起したわ。私のアソコも徐々に湿り始めた。

「ねぇ、ミキのここ、触って？」ミキさんが片手でジャージとトランクスをいっぺんに脱ぐと、その細身の体には似つかわぬ極太のおチンチンが出現した。

「うわぁ～すごい～～」そんな立派なのをこれまで見たことがなかった。夫はもちろん、結婚前につきあった男のブツのどれよりも大きかった。

ミキさんのおチン〇ンの先っぽはすでに「我慢汁」で濡れてた。私は力を込めてしごいてやった。「おうぅぅぅぅ～～」ミキさんは鼻の穴を膨らませて興奮しながら、私の乳首を舐めまくった。「あっふん～～～」「うぉぉぉぉ～～～」ソファがギシギシ軋むほど、私たちの体は激しく弾み波打った。

「ミキさんのこれ、私に入れてぇ～～」はしたないけど言ってみた。「どこに？　どこに入れてほしいの？」「お……お○んこぉ～～～」

私はくねくねしながら、スカートをめくり、自らパンティを脱ぎ取った。間髪入れずに、ズボズボズボと、ミキさんの黒光りするおチン○ンが私のオマ○コに挿入されて……「んんんんぁぁぁぁぁ～～～～～っ！」「ぐぉ～～～～～～！　イイよぉ、締めつけが最高だよぉ～～！　旦那さんが羨ましいよぉ～～」「夫とは……一年以上ヤッてないの～～ハァハァハァ……」「なんてもったいないんだ……う……う……うぉうぉ～～～！」

ミキさんが悦んでいる。私の子宮も久しぶりにズコズコ突かれ愛液を溢れさせて悦んでいる。私たちはくっちょくっちょと卑猥な音をわざとさせて興奮も最高潮。ミキさんが私の腰を浮かせ両足を更に広げて突いてきた。午後の明るい日差しに私のオマ○コは丸見えのはずだ。

「ハァハァ……もずくみたいにもじゃもじゃの毛だねぇ……ハァハァ……」「いやぁ……見ないでぇ」「なんで？　ハァハァ……綺麗だよ……うわあ～、穴から炭酸水みたいなお汁が垂れてきたよぉ～」「や……やだってばぁ～……」「穴ん中、ラディッシュみたいに紅いよぉ～ハァハァ……」

ズボンズボンと肉と肉がぶつかりあい、「ああ……ああ……いい……イキそう……っ」

「ミキも……ミキもいきそう〜〜」「ああああああ〜〜〜んんんん〜〜〜」「うぉ〜〜〜〜〜〜〜〜〜〜〜〜！」

バスンバスンバスンバスンバスン……！

ニュルンとおチン○ンを抜き、私のお腹の上に白い液体を放出するとミキさんは果て、私もイッたわ。

「やだぁ、ミキのカルピス、たくさん出ちゃったね」笑いながらミキさんはティッシュで拭き拭きしてくれて。

「お料理すっかり冷めちゃったね。今温め直してくるからお酒でも飲んでて」何事もなかったかのようにお皿を下げてキッチンに向かった。

「はあい、いただきま〜す」

久しぶりにセックスを堪能した後のロゼワインは、また格別に美味しかったわ！

■あたしは顔を上下させてディープスロートしながら、手でサオをしごき立てて……

身動きできない元カレ入院患者にまたがるド淫乱ナース

投稿者 中条あやこ（仮名）／25歳／看護師

　あたし、患者さんの体を第一にいたわらなきゃいけないはずの看護師なのに、とんでもないことしちゃいました。

　先月のことです。

　バイクで事故って右足大腿骨を骨折した男性患者が運び込まれてきたんですが、なんと彼、あたしが今のダンナと結婚する前につきあってた、元カレの涼真（二十七歳）だったんです。

「おお、なんだ、あやこじゃねぇか。おまえ、ここの病院のナースだったんだ。こりゃまた奇遇だねえ」

　手当が済んで病室に落ち着いた涼真は、あたしの顔をみつけると、あっけらかんとそんなことを言ってきましたが。あたしのほうはといえば、とてもじゃないけどそんな平静な気分じゃいられませんでした。なんてったって、あたしが涼真と別れた理由は、ヤツがあたしの親友のコと浮気して孕ましちゃったからで……結局、本カノのあたしのことはほっぽって、責任をとるような形で涼真とそのコは結婚しちゃったっていうわけです。カレシと親友をいっぺんに失い、しかもその二人が夫婦になっちゃうなんて……！　あたしが当時、どれだけ打ちひしがれたか、わかります⁉　ほんと、ある程度立ち直るのに丸二年かかりましたとも。

あたしたちの間には、こんな経緯があったわけですが、あたしが平静でいられない理由は、もうひとつありました。

それはズバリ、セックス……。

何を隠そう、あたしと涼真のセックスの相性は抜群だったんです。

彼のアレの形状と大きさが、あたしのアソコの形状と奥行きに超ジャストフィットなのはもちろん、その間合いとリズム……阿吽《あうん》の呼吸とでもいうのかな？とにかくすべてにおいてこれ以上ないほどドンピシャで、あとにも先にも涼真とのセックスを超える快感を味わわせてくれた男は（もちろん、今のダンナも含めて……）一人もいませんでした。だからさっき、涼真との別れのショックから立ち直るのに二年かかったと言いましたが、実質そのうちの半分以上は彼とのセックスの快感を忘れるのに要した時間と言ってもいいくらいです。

だから、予想だにしない、いきなりの彼との再会でも、精神的ショックはなんとか理性で抑えられたものの、カラダのほうはそうはいかず、電撃的に本能で反応しちゃって……もう、涼真とヤりたくてヤりたくて、どうにもガマンできなくなってしまったんです！

あたしはその夜早速、抑えられないエロ欲求を満たすべく、行動に移しました。消灯時間になるのを待ち、涼真が入院している個室へと足を忍ばせました。その晩の当直ナースによる最初の巡回時刻まではあと一時間。ちょっと物足りない気もするけど、この際しょうがありません。

ドアを閉め、窓際のベッドのほうへ行くと、折れた右足をギプスと包帯でガチガチに固めて天井から吊った涼真が、静かに眠っていました。たとえ今大地震が起こっても、逃げるに逃げられず、そう簡単には動けない状態です。

あたしは息をひそめてベッド下方から涼真に忍び寄りました。

そして簡単に着脱できる治療着のズボンをゆっくりと脱がせると、三年ぶりにお目にかかる彼のアレが現れました。もちろん、まだしぼんだ平常時の状態ですが、何せかつては三日に一回の頻度で咥え込み、ヤリまくった愛しいオチン〇ンです。その姿を見ただけで走馬灯のように（笑）あんなエロや、こんなエロのかぐわしい思い出が怒濤の勢いでよみがえり、あたしの性感テンションはあっという間にメーターを振り切っちゃいました。

「……あ〜ん……涼真のオチン◯ン……久しぶりすぎるぅ〜〜〜……」

あたしは昂る興奮のまま、そのまだ柔らかいモノを手にとると、亀頭を唇で包み込み、ニュルニュルレロレロとねぶり回し始めました。すると、見る見るムクムクと膨張していき、あっという間に、今にも弾けんばかりにパンパンに膨れ上がりました。サオのほうも固く隆々とみなぎり、表面に太い血管がウネウネと浮き出し、全体がピクピクと脈打っているかのようです。

「あ、ああ……た、たまんない……」

あたしは改めて喉奥まで深くズッポリと亀頭を呑み込むと、右手でサオをギュッと握り込みました。そして顔を上下させて激しくディープスロートしながら、手でサオをしごき立てました。

「……んっ、んんん……」

涼真がうめき声をあげ始めました。眠りながらも刺激に反応してしまってるのでしょう。口の中にあの独特の苦みが感じられ、彼のオチン◯ンがカウパー液を漏らし始めたのがわかりました。「ううん……おいひぃ……」あたしはますますテンションが上がってきて、さらに空いている左手で玉袋を摑むと、手のひらの中でコロコロと転がしながら強弱をつけて揉みしだいてやりました。かつてさんざん彼を楽しませてあげたあたしの必殺技、亀頭とサオとタマタマの怒濤の同時三点攻めです。

「うくぅ……んっ、うぐ……な、何っ？　今いったい何が……あ、ああっ！　あやこ、おまえ何やってんの⁉」

とうとう涼真が起きてしまいました。

「おまえ、看護師のくせに、身動きのとれない患者に対してこんなとんでもないことするなんて……正気かっ？」

そう非難され、めいっぱいチ〇ポ感じさせてるくせに、どの口が言う？　と思いましたが、もちろん正論ではありますので、そこはしおらしく、

「だってぇ～～～っ、涼真の顔見たら、どうにもガマンできなくなっちゃったんだもの～～～……でも、はい、すっごく反省してまーす！　ってことで、このナマ殺し状態のまま、やめちゃってもいい？」

と言ってベッドから降りようとすると、

「あ、ごめん、ごめん！　それは困る！　こんなギンギン状態にさせられたまま、そんなの殺生だってぇ～～～」

と、マジ泣きそうな声で訴えてきて。あたしは意地悪な笑みを浮かべながら、「だよね～～～～～っ？」と応えると、もうすでに興奮のあまりジャンジャン溢れ出してる愛液の糸を引かせながら自らパンティを脱ぎ去り、全身を巧みにくねらせながら斜めの姿勢になって、涼真のオチン○ンをアソコで咥え込みました。そして動けない彼に代わって、グイグイと腰をグラインドさせつつ打ち付け、三年ぶりの合体をこれでもかとむさぼり味わいました。

「あ～～ん、いいわぁ！　涼真のオチン○ン、やっぱりサイコ～～ッ！」

「ああ、あやこのマ○コもサイコーだぜっ！　マジ、チ○ポとろけそうだ……」

「あ、あひ、ああ……あ、あん……だ、だめ、もうイッちゃいそ～～～っ！」

「ううっ、お、俺もっ……不自由セックスって、すっげえ感じるっ……！」

「あああぁぁぁ～～～～～～っ！」

結局、その日以降、涼真が退院するまで、あたしと彼は三日に一回の割合で院内セックスを愉しみ尽くしました。

ほんと、いけない看護師でごめんなさーい！

■私は壁に手をついて必死でバランスを保ちながら、突き入れられる快感の嵐に悶え……

帰省した故郷での祭りの夜に燃えた再会リフレッシュ快感

投稿者　柴浦かすみ（仮名）／33歳／専業主婦

先だってのゴールデンウィークの連休に、コロナ禍の自粛状況もかなり緩くなったということで、久しぶりに北陸の実家へ帰省してきました。ただし、夫と一緒ではなく、私一人だけで。

少し前に起こった夫の浮気疑惑事件が尾を引いて（一応、疑惑は晴れた形ですが）、それ以来生じた、夫に対する不信感をぬぐえない気持ちを実家の母に話したら、

「とりあえず、次の連休にでも、あんた一人でこっちへ帰っておいで。ゆっくり気分転換して、リフレッシュしたらいいよ」

と言ってくれて、その言葉に甘えることにしたんです。帰省の理由は言わずもがな夫も反対はせず、父も、同居している兄夫婦も喜んで同意してくれました。

そして帰省初日の五月三日、私は久々に味わう母の手料理を味わい、心癒されつつ、皆の歓待を受けて、とても楽しい夜を過ごしました。

さらに聞くと、翌日の四日には二年ぶりに地域のお祭りが催され、地元の神社の境内にも屋台が立ち並ぶのだといいます。私は幼い頃からお祭りの屋台で焼きそばやチョコバナナなんかを買って食べるのが大好きだったこともあり、その話を聞いてとてもときめきました。夫への不信感に揺れ動く心が、ピュアだった童心の頃に戻ることを求めたのかも知れません。

「ああ、いいんじゃないかい？　行っておいでよ」

皆もその心中を何とはなく察してくれたようで、私があえて一人でお祭りに行くことに反対することはありませんでした。

そして翌日の夕方五時頃、私は一人、お祭り会場である神社へと向かいました。たくさんの人でにぎわい、多くの屋台が立ち並ぶ光景を目にし、一気にテンションが上がってきました。ひと通り境内を歩き回ったあと、私は屋台で冷たい飲み物とイカ焼きを買い、今日のためにしつらえられた休憩用のベンチに腰を据えました。そうやって、お祭りの喧噪にますます浮き立ってくる気分を味わいながら飲食をしていると、誰かが声をかけてきました。

「あれ、かすみじゃね？　おれ、おれ、北村洋介！　覚えてね？　ほら、高校のとき同じクラスだった」

なんと、かつての同級生の男子でした。

しかも、当時、私が密かに憧れていた……。

十五年ぶりの再会でしたが、私にもすぐに彼のことがわかりました。当時とまったく変わらず……いや、というより、大好きだった当時の姿から、さらに魅力的なオトナの男へとまぶしくバージョンアップされていたから……。

「わあ、北村くん！　久しぶり！」

私たちは一気に打ち解け、二人並んでベンチに座り、お互いの境遇を伝え合いました。地元で働く彼はまだ独身で、今日はお祭りの実行委員として忙しく立ち働いているのだといいます。そして今、ようやく一息ついて四十五分間の休憩時間をもらったばかりなのだと。

そうやっていろいろ話すうちに、私の気持ちは見る見る十五年前の恋する少女の頃のそれへと引き戻されていきました。いえ、正しく言えば、気持ちは少女でも、カラダのほうはもう熟れきったオトナの女……夫との間に心のすれ違いからくる肉体的不満を抱えた私は、北村くんに対して狂おしいまでの欲望を抱いてしまったんです。

私は手にしていた飲み物の紙コップを置くと、さりげなく彼の手に、自分の手を触れさせていました。そして、耳元で囁くように言いました。

「ねえ、二人きりになりたい……」

北村くんは一瞬、驚いたような顔で私の目を見つめてきましたが、すぐに意を察してくれたようで、私の手をとるとベンチから立ち上がり、連れ立って歩き出しました。そしてお祭り会場の境内の端、明かりが届かず暗い闇に覆われた経路を通って行き着いた場所は神社の真裏にあるプレハブ小屋でした。お祭りのにぎわいの喧噪は聞こえてくるものの、この辺りに人は誰もおらず、彼はポケットから、実行委員として預かっている鍵束を取り出すと、その中の一つを使ってプレハブ小屋の戸を開けました。そして私を促して、二人揃ってこっそりと中へ……。

ここは掃除道具や備品などをしまっておくためだけのものなので、内鍵はなく、いつ誰に外から開けられてしまうかもしれない恐れはありましたが、今はそんなことを言ってる場合じゃありません。

もうすっかり、昂る一方の欲望のテンションを同調させてしまった私たちは、明かりのほとんど届かない小屋内の薄暗がりの中、息せき切ってお互いの服を脱がし合い、双方全裸になりました。

そして、とてもじゃないけど横になるスペースなどはないので、お互いに立ったまま抱き合い、唇をむさぼり合いました。

「はぁ、はぁ、はぁ……あ、ああ、はあっ……」

二人の荒い息遣いが合わさり響き合う中、グチュヌチュ、ジュルジュル、ヌチャヌチャという、唾液が溢れ交じり合う音が淫らに共鳴して……とめどない高揚に包まれながら、私たちはお互いの性器を愛撫し合いました。私の手にしごかれた彼のペニスは熱くみなぎり、固く太くいきり立ち……彼の手でまさぐられ指で抜き差しされた私のアソコは粘つく女汁を滴らせて……激しい息遣いやら唾液やら愛液やら、三位一体になって呼応する官能の応酬の中、私はうめくように言っていました。

「あ、ああ……もう、たまんない！　北村くんのコレが欲しい！　ねえ、早く！　早く私のココに入れてっ……！」

そのまま握り締めた肉棒を引っ張り寄せ、ぐいぐいと膣口に押し当てて。

「ううっ……ほ、本当にいいのか？　一度入れちゃったら、おれ、もう止まんないぞ？」

でも北村くんたら、この期に及んでそんなこと言うものだから、私は、

「もう～～～～！　黙って入れればいいのよぉ！　早く、早く！　北村くんのこれで私の中、突きまくってぇっ！」

と、イラつき気味に言い放ってしまい、握った肉棒をさらに深く自分の中に引きず

り込んでいました。もう恋する少女もクソもあったものじゃありませんね。

そしてようやく覚悟を決めてくれたように、彼が自分から腰を突き出してきました。固い肉身が私の肉ビラをえぐり裂きながら、一気に膣奥まで達し、肉壁にぶち当たったかと思うとすぐさま引かれて……怒濤のピストンが私を貫き、攻め立ててきました。

「あひっ、ああ、あ……ああ、いいっ、いいわっ！　北村くぅん！」

「はぁ、はぁ、はぁ……ああ、かすみ、かすみ、かすみぃ……！」

どんどん激しさを増していくその肉交に体を揺さぶられまくり、私は壁に手をついて必死でバランスを保ちながら、突き入れられる快感の嵐に悶え喘ぎました。そして数分後、一段とピストンが激しくなったかと思うと、私の中で一気に彼の昂りがＭＡＸまで膨張し、次の瞬間、私は絶頂まで吹っ飛びながら、ドクドクと放出された精のほとばしりを膣奥で受け入れていました。

北村くんは私に多くを聞かないまま、二人はさよならを言い合いました。

これでなんとなく気持ちが吹っ切れた私は夫のもとに戻り、すっきりと結婚生活をリスタートさせることができました。

後々、いい思い出になってくれるのではないかと思うんです。

第三章

タブーの絶頂に蕩けて

■人間のものではない舌のうごめく感触が、えも言われぬ快感を醸し出してきて……

人間以外の相手との3P不倫でイキ果ててしまった私!

投稿者 村上里帆(仮名)/28歳/OL

夫の浮気の事実を知ってしまった私は、とても悲しくなり、丸一日泣き明かしたあと、今度はメラメラと怒りの炎が燃え盛ってきました。そしてその果てに、こう決心しました。

私もリベンジ浮気してやる!

泣き寝入りなんかしてたまるもんか、っていう気持ちでした。

そこで早速、スマホでよさげな出会い系サイトを物色して、わりと柔らかめな雰囲気のところを探しあてると、そこにアクセスしてプロフィールを登録しました。

「私は犬好きの人妻です。同じ犬好きのステキな人と出会えたらいいな」

って(私自身は動物の飼育不可のマンション住まいなので、実際には犬を飼ってはいませんが、いつか飼いたいと思っているんです)。

会ってすぐその日にヤリたい! みたいなあからさまなところは、最初だしちょっと避けたかったんです。なので浮気初心者としては、ここのサイトの趣味や人柄から入るみたいな、お見合い風なノリがいいなって思って。

まあ結局、会ったその日にヤッてしまったわけですが。

しかも、あんなとんでもないエッチ……。

早速、一日で十人近い反応がありました。

やはり、昨年の夏、海水浴に行ったときの水着姿の写真をあげたのがよかったみたいで……サングラスをかけて、はっきりと顔はわからない写真ですが、ほどよい大きさできれいな形の胸と、適度にくびれた腰には自信がありました。

そして、その中のFさんという三十五歳の男性と会うことになりました。彼は飼い犬の抱っこ写真をアップしていたのですが、Fさん本人もなかなかステキな人でしたが、そのトイプードルのコウくん（♂・五歳）がとってもかわいくて、一度会ってみたくて仕方なくなっちゃったんです。

その週の日曜日。

夫は接待ゴルフという名目のもと（ほんとのところは知ったことじゃありませんが）、朝から出かけてしまい、帰り時間の申告もなく……私はFさんと約束した場所で落ち合うと一緒に楽しくおいしいランチをして、たちまち意気投合すると、独身でコウくんとの二人暮らし（?）だという彼のマンションへ行くことになったんです。

そこは広々とした2Kの造りの新築で、とてもきれいに整頓されていて好感の持てる部屋でした。さすが某一部上場大企業勤めだというFさんの、経済的余裕が感じられます。そして何より、コウくんの私への大歓迎ぶりときたら……！

実物はサイトで見た写真以上にかわいくて、私が部屋に上がるなり、そのままちぎれて飛んでっちゃうんじゃないかと思うくらいすごい勢いで尻尾を振りながら、飛びつきじゃれついてきました。

「やーん、かわいい〜っ！　こんにちは、コウくーん！」

「あはは、こいつも里帆さんにメロメロみたいだな。まあ仕方ないか、こんなに魅力的なんだから……」

Fさんは、コウくんをお互いの間に挟む格好で私の体に手をかけると、引き寄せながら唇にキスしてきました。ニュルリと入りこんできた舌が私のそれをとらえると、艶めかしくからみつきながらジュルジュルと唾液を啜りあげてきて……私は甘い陶酔感に覆われていきました。

と、そのとき、コウくんの思わぬ行為に私は「えっ？」となりました。

お互いの口から溢れ混じり合い、ダラダラと喉元へと伝い流れ落ちていく、私とF

さんの唾液を、夢中でペロペロと舐めているんです。いつしかそれは襟ぐりの開いた私の胸の谷間に達していて、その人間のものではない舌のうごめく感触が、えも言われぬ快感を醸し出してきて……。

「……んあっ、はあっ……んぐ、んふぅ……！」

私は、激しさを増す一方のFさんのディープキスにからめとられながら、それとコウくんの舌戯（？）があいまって天井知らずに高まっていく恍惚感に呑み込まれていくばかりで……。

「うふふ、どう？　大好きなワンちゃんにこんなことされる感覚は？」

「あ、ああ……こ、こんなの……信じられないっ……あ、ああん！」

Fさんはそんなふうに甘く妖しく囁きながら、私の服を手早く脱がしてすっ裸にしてしまうと、続いて自分も服を全部脱ぎました。そして、さらにこんなことを言ってきたんです。

「さて、里帆さんのココも、そろそろエッチな甘いお汁で溢れてきたんじゃないかな？　どれどれ……ほ〜ら、思ったとおりだ。もう濡れ濡れのドロドロだ。うふふ、実はうちのコウは、ツバよりもこっちのほうが大好きなんだよ」

……えっ、ええっ⁉　ま、まさか……⁉

その、まさかでした。

コウくんは一目散に私の股間に鼻ヅラを突っ込むと、もう恥ずかしいくらいに濡れたアソコを、ペロペロとものすごい勢いで舐め始めたんです。

その甘美な感触たるや、滴った唾液と共に胸を舐められたときの比ではありませんでした。人間の舌ではありえないようなピッチと動きで、クリトリスを、ヴァギナを舐めしゃぶり責められて、私は気持ちよさのあまり、もう悶絶するばかりです。

「んあっ、はぁっ……ひあぁ、ああっ……あひぃぃっ……！」

「ほら、僕のももうこんなだ。コウに舐められてばっかじゃなくて、こっちもしゃぶってくれないかな？」

私はそう言って口元に近づけられたFさんの、怖いくらい見事に勃起したペニスをなんのためらいもなく咥えると、一心不乱にフェラし始めました。

「んぶっ、んじゅっ……はぶっ、っぐ、んぬぶっ……！」

「ああ、いいよ、里帆さん……絶妙のしゃぶり具合だ……コウに舐められてる快感の波動がこっちにまで伝わってくるようだよ……」

そして、そう言いながら私のフェラをたっぷり堪能したFさんは、仰向けになった私の股間を割って勃起ペニスをアソコに突っ込んできました。そして、激しいピストンを始めて。

「んあっ、ああ！　あん、あん、あん……あ、ああっ……⁉」

するとどうでしょう！

今度はコウくん、素早く位置を変えて私の上半身に取りつくと、今度はペロペロと乳首を舐めてきたんです！　まさにFさんと阿吽《あうん》の呼吸です。

「あああ、あっ、んあっ……あっ、あ、あひぃ……！　いい、いいわぁ、コウくん！　んあ～～～～～～～～っ！」

そしてFさんが私のお腹の上にフィニッシュするのを感じながら、私はものの見事にイキ果ててしまいました。

いくら大好きとはいえ、まさか犬を交えた3Pをしちゃうなんて……我ながらもうビックリです。でも、信じられないくらい気持ちよかった……。

夫の浮気に対する単なるリベンジだったはずが、とんでもない禁断の扉を開けてしまったみたい……今後、自分で自分が怖い私なんです。

■指ではなく、もっと太くて固くて熱い、彼の禍々しい肉塊が股間にねじ込まれて……

暴走する欲望に拉致監禁された異常快楽の衝撃三日間

投稿者 三村沙耶香（仮名）／30歳／パート

それは、今思い出しても恐ろしさのあまり全身が粟立ち……でも一方で、どうにも忘れがたい昂りにカラダの奥底を妖しく疼かせてしまう、そんな、おそらく一生涯忘れられないであろう、私の心と身体に深く刻み込まれた三日間の記憶。

まだ結婚して間もない六年前、私が二十四歳の若妻の頃でした。

とんでもない時代錯誤ですが、会社の規定で既婚女性は退職せねばならず、私は泣く泣く待遇のいい職場を辞め、新たにパートを始めることにしました。家から自転車で五分ほど走ったところにあるカフェのウエイトレスの仕事です。お昼すぎの十四時から閉店の夜二十時までの六時間勤務で、時給は九百五十円……贅沢は言えませんでした。自宅マンションからある程度近場でとなると、他にいい求人がなかったんです。当時、夫も新設の部署に移ったばかりで毎晩帰宅はほぼ十時すぎということで、その時間帯の寂しさをまぎらわすことができるという面もなくはありませんでした。

ただ、職場のスタッフは皆いい人ばかりでとても働きやすく、常連さんを中心としたお客さんも上品で筋のいい人が多く、仕事自体はとても楽しかったです。

そんな、勤め始めて一ヶ月ほどが経ち、ほぼすべての業務に慣れてきたある日、閉店時間を迎え、締めのラストの仕事を終えて制服から私服に着替えた私は、店長に「お疲れ様でしたー」と挨拶すると、夜の街に自転車を漕ぎだしました。もう七月ということで、夜といってもかなり蒸し暑く、私は半袖のアロハシャツの下はブラのみ、下も膝丈のキュロットパンツからナマ脚を突き出した格好の至って軽装で、早くも汗ばみながらペダルを踏んでいました。

そうやって三、四分ほどして、だいぶ家が近くなってきたときでした。街灯もまばらで薄暗く、人気のない街路にさしかかった私は前方から来た一人の歩行者とすれ違おうとしたのですが……その瞬間、以降の記憶がぷっつりと途絶えてしまったんです。

それからどれくらい時間が経ったでしょう。

目覚めた私は、真っ暗な闇の中にいました。

少なくとも屋外ではなく、ちゃんと空調の効いた快適な室内であることは間違いないようです。そして、私の体の下には薄手のマットレスらしきものがあり、あと、心なしか顔に鈍痛のような感覚が残っていました。

自分の置かれている状況がまったくわかりません。

ここはどこなのでしょうか？

なんで私はこんな目にあっているのでしょうか？

どうしようもないほどの恐怖と不安に苛まれていきました。

と、そのときです。

部屋のドアの開くような音がして、続いて誰かが入ってくる人の気配がしました。

私は「はっ」として、身をすくませました。

次の瞬間、ぐっと身近に体温を感じ、熱い呼気が顔にかかるのを感じました。

「キャッ……！」思わず悲鳴をあげようとした私でしたが、明らかに男性のものであろう固くてたくましい肉体の衝撃にぶつかるように覆いかぶさられ、そのままマットレスの上に押し倒されてしまいました。

「ちょっ……な、なにっ……や、やめてぇっ！　いやあっ……」

もう半狂乱で泣き叫んだ私でしたが、それに応えた相手の言葉に戦慄しました。

「どれだけ大声で喚いたってムダだ。この部屋は完全防音で、外の誰にも聞こえやしない。おとなしくされるがままにしろっ！」

そして暗闇の中、私は着ているものを脱がされていきました。相手も見えていないままに手当たり次第でやっているので、その力加減は乱暴で、ほとんど殴りつけられるような痛みの中、とうとう私は全裸にされてしまいました。

「あぁん……ううっ、うぐ……な、なんでこんなこと、するのお？　ねえ、おねがい……やめてよぉ……うぐ、ううっ……」

体をまさぐってくる相手に、私は泣きながら訴えましたが、

「泣いても無駄だ。毎日毎日、そんな太腿剝き出し、胸の谷間を覗かせたエロい格好を見せつけてくるあんたが悪いんだ！　俺、俺は……ここの窓からそんなあんたを見てるうちに、もうたまらなくなっちまって……くそっ、気がすむまで犯して犯して、犯しまくってやるっ！」

名前も顔もわからない彼は、そうがなり立てながら、私のさらけ出された股間を探り当てると、無理やり指を突っ込んできました。当然、濡れているはずもなく、内部をえぐり回してくるその太い指がもたらす激痛に、私は悲鳴をあげるしかありません。

「ひぃ～～～っ！　やめてぇっ！　い、痛いっ！　あうぅ～～～っ！」

でも、やめてはくれませんでした。

それどころか次の瞬間、私は彼の指ではなく、もっと太くて固くて熱い、禍々しい肉塊が股間にねじ込まれてくるのを感じ、そのあまりに強烈な衝撃に、さっきまでの

比ではない苦悶のドン底に叩き落とされてしまったんです。

「あ、ああっ……あぁあああ〜〜〜〜〜〜っ……！」

でも彼はそんな私の絶叫の訴えにもまったく躊躇することなく、激しく腰を突き動かして、私を犯し凌辱し続けました。そして、いつしか私も疲れ、抗う気力すらなくしてしまった頃、彼は一段と腰の動きを激しくしたかと思うと、「……うっ！」と一声呻くや、終えてしまいました。

私の中にドクドクと大量の精を流し込みながら。

そして、私はその後トイレを使わされ（ここだけは明かりをつけてくれて）、用を足しつつ自分で股間の後始末をしました。そうしながら、あとからあとから涙が溢れ出て止まりませんでした。

そして、あらためて自分の置かれた状況を整理しました。

彼はおそらく、私の通勤途上のどこか（たぶん職場のカフェからは自転車で一分足らずの距離の場所）に住み、日々、私が自転車で前を通る姿を見ていた。そして私に対する欲望を募らせた挙句、とうとう……おそらくあの日、すれ違いざまに私を殴り、昏倒させた後に拉致、自宅に連れ込んで監禁したのでしょう。

「もう済んだか？」

彼はそう言うと、私の返事を待つまでもなくトイレから引きずり出し、私はまた元の部屋に連れ戻されてしまいました。その後、私は涙にくれながら眠りました。

翌日は、朝から（外の様子がわからないのではっきりとは言えませんが、たぶん）彼は、私を犯しにかかりました。

相変わらず部屋は暗いままでしたが、彼の私に対する接し方は前夜とは明らかに違っていました。もう私が抵抗しないであろう確信を持ったのか、そのタッチはある程度ソフトなものに変わって……舌をからめたディープキスをたっぷりと楽しむと、乳房を入念に揉みしだき、乳首を丁寧に舐め、吸い……股間もクリトリスからヴァギナまでこれでもかと口淫し、膣道の奥までえぐり回して……。

「んあっ、あ、ああ……はぁっ……」

と、信じられないことに、今やごく自然にその愛戯に感じ悶えてしまっている自分がいました。昨夜は快感などこれっぽっちも覚えなかったというのに。

生まれて初めて拉致・監禁されるという、衝撃的すぎる体験の恐怖とショックが過ぎ去ったあとは、どうやら私のカラダは、今度は逆にそのスリルと緊張感をむしろ楽しむようになってしまったようなのです。

もう痛くもない、怖くもない……だけど、あまりにも一方的な欲望にとらわれ、理不尽に愛し犯されることの、このえも言われぬ快感と充足感……。

そしてこの部屋に連れ込まれてから三日目、彼は最後に私を抱きました。

その男根はまるで別れを惜しむかのように一段と固く大きくみなぎり、私のカラダをこれでもかと犯し蹂躙し……私はなんと三回も絶頂を迎えてしまいました。

最後に、彼はこの三日間で最大量のラストショットを放ち、そのあまりの多さに私のそこの容量は受け止められず、膣から溢れた精液がブクブクと泡立ちながらマットレスの上へと流れ落ちました。

そしてその夜、私は目隠しをされた状態でようやく解放され、家へ帰ることができました。さすがに三日間にわたって家を空けたことで夫からは大叱責され、職場からも大層心配されましたが、どうにかこうにか言い訳して、場をしのぐことができましたが……きっと今でも夫は納得してはいないでしょうね。

でも、さすがに真実を言うわけにはいきません。

未だに犯人の彼が誰で、どこに住んでいるのかわかりませんし、知ろうとも思いませんが、もし一言、彼に対して言えるのなら……あなたのおかげで、私の中に一生忘れがたい、異常な快楽の爪痕が残されてしまったわ。

■お嬢ちゃん、よ～く見てるんだよぉ、大きくなったら必ず役に立つからね～っ……

実の娘の眼前で勤め先の社長に犯され悶えてしまった私

投稿者　立花ひとみ（仮名）／33歳／事務パート

夫の度重なる浮気グセに嫌気がさし、数カ月前に三歳の娘を連れて離婚した。

非は一方的に向こうにあるので、ある程度の額の慰謝料と、娘が成人するまでの養育費を払ってもらえることになり、当面の暮らしに困ることはないけれど、それでも世の中何があるかわからない……私は少しでも自力で生活できるようになるべく、娘を無認可保育園に預け、とある自動車部品工場で事務職のパート勤めを始めた。

仕事はわからないことだらけだったけれど、先輩や同僚はやさしくていねいに指導してくれたので、少しずつだけど着実に覚えることができて、先行きの希望も抱けるようになっていった。

ところが、一つだけ予想外の困った事態に見舞われてしまった。

この工場の五十七歳になる社長に見初められてしまったのだ。

もちろん、社長は妻子持ちで、なんなら昨年生まれたばかりの孫までいる。要は根っからのスケベ親父だということ。ことあるごとに私に接近してきては、「ねえ、ひとみちゃん、僕とつきあってよ〜」「一回だけでいいから、ね？　ね？」などとまとわりついては口説いてくる始末。私としても自己保身のために、あまり無下にするわけにもいかず、極力やさしく、「いやですよ〜、社長ったら〜。奥さんに言いつけちゃいますよ〜」などと言いながら、適当にのらりくらりとかわすしかなかった。

そんなある日のことだった。

私が風邪で熱を出して寝込み、仕事を休んでしまったのは。

私は三十八度を超える発熱状況を職場に伝えて欠勤の了承をもらい、うつらないよう万全の配慮をしながら、娘と二人で自宅アパートで安静にすることに努めた。

すると、それは午後二時頃のことだった。玄関チャイムが鳴り、私はあえてそれに応えず、居留守を使おうと思ったのだが、続いてドア越しに聞こえてきた声を聞いてびっくりしてしまった。

「ひとみちゃーん、大丈夫ぅ？　お見舞いに来たよぉっ」

なんと社長だった。

当然、出ないわけにはいかず、私は、美味しそうな食材でいっぱいになったレジ袋を提げた社長を招き入れ、応対せざるを得なかった。

「いいよ、いいよ、かまわなくて。そのまま寝ててよ～」

と口では言いながら、パジャマ姿の私が寝床から起きてお茶の用意をしようとするのを、社長も止めるわけではなかった。

そして、隣りの四畳半でスヤスヤと寝ている娘の寝息を聞きながら、フラフラする意識をどうにか保って社長と話していたのだが、

「ああっ、だめだっ！　ひとみちゃんが色っぽすぎて、僕もうガマンできないよ～！」

突然、そう叫んだ社長に組み付かれ、私は寝床の上に押し倒されてしまった。

そしてそこで、私は遅まきながら自分がノーブラだったことに思い至った。

発熱してだるい体の負担を少しでも軽くしたいとブラを着けていなかったのだが、社長の訪問を受けてもそのことを思い出せないほど、頭がぼーっとしていたのだ。

しかも、パジャマ上のボタンは三つも外れていて、私の人並以上に大きな胸が作り出す、肉の谷間が丸見えだった……。

「う～ん、このすてきなオッパイ、もっとちゃんと見せておくれ！」

社長は鼻息荒くそう言いながら、引きちぎるように残ったパジャマのボタンを外し、私は裸の胸の前面を大きくはだけられてしまった。熱のせいでうっすら赤く火照り、汗がにじみ出している乳房がポロンとこぼれ、そこに目の色を変えた社長がむしゃぶ

りついてくる。

「あ、ああっ！　しゃ、社長、ダメっ、ダメですっ！　やめてぇっ……すぐそこで娘が寝てるんですっ！」

「へっへっへっ……大丈夫、起きやしないよ。すぐ済むからさ、ね？　ああっ、オッパイ、モチモチでやーらかーいっ！　サイコーッ！」

私の言うことなどもう社長は聞く耳持たずに乳房を揉みしだきまくり、私も体に力が入らず抵抗ままならず、満足に悲鳴をあげることもできない。

「……っ、あっ、ああ……んあっ、だ、だめ……ああっ！」

「やーだよーっ！　今度はオッパイ吸っちゃうんだもんね！　ほら……チュルチュルチュル～ッ、ジュバババ～ッ！」

「んあっ、はぁっ……あぁあぁっ……！」

そうやって、社長の問答無用の愛撫の刺激になすすべなく、意識が陶然と呑み込まれようとしていた、そのときのことだった。

「……うぅん……ママァ、お胸出して、そのおじさんと、何してるの？」

いつの間にかお昼寝から目覚めた娘が、目をこすりこすり、部屋の入口に立って私と社長のほうを見ていたのだ。

「……い、いやあっ……だ、だめよ、マユ！　見ないでっ……おねがいだから、あっち行って！　ね、おねがいっ！」

私は必死になってそう言って訴えたのだが、娘にはまったくピンときてはいないようで、むしろ遊んでいるようにしか見えなかったらしい。

「ねえねえ、マユもお服脱いで、ママたちといっしょに遊びたい～！」

などと笑顔で言いだす始末。

すると社長は、

「ひとみちゃん、いいじゃないか！　娘さんに見せてやろうよ。さすがに混ぜてあげることはできないけど、ゆくゆくはこの子もどこかの男と通る道だ……ま、ちょっと早い英才教育みたいなもんだな。ワッハハハ！」

などとうそぶきながら、容赦なくパジャマ下も引きずり下ろし、パンティもむしりとり、私はパジャマ上を羽織っただけの恥ずかしい格好にされてしまった。

「……い、いやっ……社長、堪忍です……この子を向こうに……」

私はいつしか泣きながら懇願していたのだけれど、これ以上ないほどいきり立ちまくった社長にはまったく通じないようだった。

「クックックック……お嬢ちゃん、よ～く見てるんだよぉ！　大きくなったら必ず役に立つからね～っ！」

　ますますテンションを上げながら、とうとう自分も服を脱いで裸になってしまった。

そして、あえて屹立したペニスを娘に見えるように突き出して言う。

「ほらほら、お嬢ちゃん、ゾウさんだよ～っ！　これからママと、このゾウさんがいっぱい、いっぱい遊ぶからね～っ！」

「え～っ！　マユもゾウさんと遊ぶ～っ！」

「ああっ……だめ、ママのいうこと聞いて、マユ！　向こうへ……」

なんとか最悪の姿は見せまいとあがいた私だったけれど……ムダだった。

娘が見ている目の前で、社長は私に挿入してしまったのだ。

絶望にうちひしがれる私……でも、もっとショックなことがあった。

私は既に濡れていて、その淫らな湿り気でいとも易々と社長のペニスを呑み込んでしまっていたのだ。

まさか、私、娘が見ている前で辱められて……濡れてた？　感じてた？

何それ？　私のカラダ、いったい何なのっ⁉

もう頭の中がグルグル回ってしまって、わけがわからない……。

が、それもほんのわずかな間だけのことだった。

社長の激しい抜き差しが次々ともたらす快感の大波、小波に翻弄され、私は離婚以来味わうセックスのたまらないオーガズムに呑み込まれ、失神し……何度も何度も気をやってしまったのだ。

「あ、あ、あああ～～～～～～～っ！」

「うう～、いいよぉ、ひとみちゃん～～っ……はっ、はっ、はっ……」

「んあっ、はぁっ……ま、またイク～～～～ッ！」

「うおぉぉ～っ、ひとみちゃーん～～～～～っ！」

いったい、何度イキ果ててしまったことだろう。

ふと気がつくと、そのうちつまらなくなってしまったのだろう、娘はまた隣室で眠ってしまっていた。そして、枕元には社長が置いていったらしき、一万円札が二枚。

夕方の薄暮の中で、私は娘の眼前であられもない痴態をさらしてしまったことに対する自己嫌悪の念を噛み締めつつ、同時に、この先より豊かに生きていくために役立つであろう、社長という名の道具を手に入れた確信を持ったのだった。

■どんどん大きくなっていくそれは夫のモノより立派で、私は嬉しくなってしまい……

助けてくれた親友の夫を寝取ってしまった罪深き夜

投稿者 赤井紗江（仮名）／27歳／専業主婦

私が二年前に結婚した相手、照之（三十歳）は実はとんでもないモラハラ男でした。

交際時代はとてもやさしく、頼りがいがあって、おまけにイケメンで……完全に彼に夢中になってしまった私は、その本性を見抜くことができず、まんまと結婚してしまったわけですが、今では心の底から後悔しています。

彼にとって私は妻などという対等の存在ではなく、ていのいい家政婦兼セックス奴隷……一人の人間としての意思など認めず、ひたすら己の身勝手な都合で働かせ、自分の欲望を満足させるためだけに抱き、犯す相手でしかないのです。

私はそんな日々に疲れ、憔悴し、精神的にも肉体的にも限界を迎えた挙句、とうとう中学時代からの親友・瞳に相談しました。まず、電話口の会話だけで私のただならぬ雰囲気を察した彼女は、その数日後に直接会ったとき、自分の夫の将暉さん

（二十九歳）を同伴してきました。そのほうが、より多面的にアドバイスできるだろうと。

静かで落ち着いた喫茶店の片隅で、私は二人に、ときには涙をこぼしながら正直に自分の窮状を訴え、彼女たちはそれは親身になって聞いてくれました。そして、二人なりに一生懸命考えて、よかれと思う意見とアドバイス、そして励ましをくれて……おかげで私はなんとか落ち着き、前向きになることができました。

「元気出してね、紗江。またいつでも相談に乗るから」

「うん、ありがとう……もうちょっとがんばってみるわ。ご主人も、今日は本当にありがとうございました。なんて言って感謝したらいいのか……」

「いいんですよ。瞳の親友は、僕の親友ですから……って、さすがにそれは調子こきすぎか？　ハハハッ」

将暉さんは明るく笑わせながらそう応えてくれて。

しかし実はそのとき私は、ある意味、親友の瞳を裏切るような想いを、心の中に渦巻かせてしまっていたのです。

将暉さんのことが……好き！

一流企業勤務の照之に比べて稼ぎも少なく将来性に欠け、顔も照之の足元にも及ばない……でも、その相手を慈しむようなやさしさと包容力は、本物中の本物でした。私はウソのやさしさは、照之との長いつきあいのおかげで見破れる自信があります。瞳には本当に申し訳ないけど、将暉さんの存在が自分の中で日増しに大きくなっていくのを、私は止めることができませんでした。

そしてその数日後、私はとうとう彼の携帯に連絡してしまいました。皮肉な話ですが、また何か困った事態に陥ったときのためにと、瞳だけでなく、将暉さんの番号も教えてもらっていたのでした。

「あの……二人だけで会ってもらえませんか？　ちょっと瞳には相談しづらいことなので……だめ、ですか？」

「……わかりました。じゃあ僕の仕事上がりの六時半頃、〇〇で……」

最初ちょっととまどい気味でしたが、結局オーケーしてくれました。

思わず心が浮き立ってしまう、わるい自分がいました。

どうせ照之は、今日も知らない女のところへ行って帰ってはこないでしょうから、私は心おきなく将暉さんと会うことができます。

約束の時間に指定された和食バルの店に行き、もう先に来てカウンターでビールを飲んでいた、彼の隣りに座りました。リラックスして話しがしたいといって、私のほうからお酒の飲める店をリクエストしたのです。

私もグラスビールを頼み、とりあえず乾杯したあと、将暉さんが訊ねてきました。

「……で、瞳には相談しづらいことって……?」

そこで私は、言葉で答える代わりに、彼の手に触れていました。そして強く握りながら、とうとう正直に言っていました。

「将暉さんに、抱いてほしいんです。お願いです……私のことを助けると思って」

彼は一瞬驚いた顔をしていましたが、それもすぐにやさしい笑顔に変わり、私の肩を抱くと席を立つよう促してきて、言いました。

「じゃあ、急ごうか。遅い時間になると瞳がいぶかしむから」

私はうなずくと席を立ち、彼の腕の中に身をもたせかけたのでした。

十分後、私たちはホテルの一室にいました。

どちらからともなくシャワーを浴び、二人ともさっぱりと汗を流したあと、双方裸でベッドの中に入りました。

「ごめんなさい、わがまま言って……」

私が言うと、将暉さんはその唇をキスでふさぎ、軽くついばんだあと、言いました。

「……いいんだよ。僕も瞳を裏切るのは心苦しいけど、それ以上に紗江さんを助けてあげたいんだ」

　私は目からどっと涙が溢れ出してしまい、そのまま今度は自分のほうから、むさぼるように将暉さんにキスしていました。熱く舌をからませ合い、お互いの唾液を啜り合いました。ヌルヌル、レロレロ、ジュルジュル……そうするうちに、どうしようもなく淫らに昂った想いが、ピュアな心持ちを凌駕していきました。

「ああ、将暉さん、将暉さんっ……！」

　私は彼のちょっと小太りな体にむしゃぶりつき、そのポチャッとした乳首を舐め回し、チュウチュウと吸い立てて……少しでも彼に気持ちよくなってもらいたいと、もう無我夢中でした。

「あ、ああ……紗江さん……感じるよ……ううん……」

「ああん、将暉さんっ！　もっと、もっと気持ちよくなってぇっ！」

　私はそう叫ぶように言うと、今度は彼の下半身のほうに潜り込み、その股間に顔を埋めてペニスをしゃぶり倒していました。どんどん大きく固くなっていくそれは、照之のモノよりも立派で……私は嬉しくなってしまいました。

「ああん、将暉さんのコレッ、すっごい大きいっ！　すてきよぉっ！」

「あぁっ……紗江さんのも舐めさせてっ……」

私たちはシックスナインの体勢になって、お互いの性器をこれでもかとしゃぶり合い、愛し合いました。もう私のソコも、いやらしい愛液でドロドロのグチャグチャに蕩けまくってしまっています。

「ああ、もうダメ！　ちょうだい！　将暉さんのこの大きいオチン○ン、私のオマ○コの奥の奥まで突っ込んでぇっ……！」

「あ、ああっ……入れるよ、紗江さんっ……！」

「んああっ、きてっ、きてきてぇっ！」

将暉さんは手早くコンドームを着けると、正常位でガッツリと私に組み合ってきました。そして深く、激しく突きまくってくれて。

「あっ、あ、あ……いいっ！　いいの……もうイキそうっ……！」

「はぁはぁはぁ……うう、僕も……もう出ちゃいそうだ……」

「あ、ああっ……あああ〜〜〜〜〜〜〜〜っ！」

私たちは二人ほぼ同時に達していました。

私は彼の腕の中で快感の余韻に浸り、まったりとまどろみながら、心の中で瞳に詫びていたのでした。

『ごめんね、ひとみ……恩を仇で返しちゃったね』

■まるでそこらじゅう全部がマ〇コになったみたいにビクビク気持ちよくて……

ヤバイ相手のヤバイ薬で爆発クレイジー昇天!

投稿者 熊谷佳代子(仮名)/32歳/専業主婦

なにしろほら、うちのダンナったら、アタシより二十近く年上なもんだから、最近もうすっかりあっちのほうもダメで……ED治療薬とか飲んで、最初はなんとか固くなっていいものの、二、三分もするとションボリ中折れしちゃう有様で。もともとがセックス大好きなアタシとしては、ここ三ヶ月ほど、オナニーじゃなく男のホンモノのチ〇ポでイクという感覚とはとんとご無沙汰で、その欲求不満たるやもうハンパなかったわけ。

それで、OL時代からの悪友の郁美に相談したわけ。『悪友』っていうのはよくある冗談交じりの言い回しじゃなく、彼女の場合文字通り、昔から悪い遊び・悪い仲間との関わりが深いホンモノの『ヤバイ奴』で、そんなツテで、アタシの溜まりに溜まった欲求不満を吹き飛ばしてくれるような、刺激的ないい話を紹介してくれないかなあって思って。昔、何回かあったのよね、郁美のおかげで一歩まちがえば警察沙汰とか、命の危険とかの可能性がありながら、それを補って余りあるスッゲー快感を味わえたっていう体験が……そんな忘れがたいスリリングな記憶がムクムクとよみがえってきて……そしたら、無意識のうちに彼女のケータイの番号押しちゃってたっていうわけ。

「わかったわ。じゃあ、一人いいのを紹介してあげる。そいつ、めちゃくちゃヤバイけど、その代わり満足度もハンパないから、たぶん佳代子のお気に召すと思うよ。彼、ものすごい気をつけてるから万に一つもないとは思うけど、もし警察に捕まったりしても、そのときはアタシの名前、絶対出さないでね～」

うわ、さすが郁美、いきなりすげえのブチ込んできたなあ。

でも、こんだけ言うなら、このカレ、一体どんだけ気持ちイイ思いさせてくれるんだろ……？

一旦そう思い始めたらもう、膨らむ一方のアタシのエッチな期待を抑え込むことはできず、速攻で郁美に彼への橋渡しを頼んでた。

そしてそれから丸二ヶ月後、アタシはようやく彼、一平（三十一歳）にコンタクトをとることができ、慎重に慎重を重ねて段取りした末に、とある場末の怪しげなホテルの一室で面と向かってたわけ。

一平は、三十一歳とは思えない童顔の、なんならその辺の大学生でも通りそうなくらい若く見える普通の男で、とても郁美が言うように『めちゃくちゃヤバイ』ようには思えなかったけど、いざコトを始めようと準備をしだすと、ようやくその意味がわかってきた。

彼は持参してきたバッグの中から、幾包にも小分けされた何種類にも渡る錠剤を取り出してくると、それを全部、一定の時間をおきながら私に全部飲み込めって。

「ええっ？　これ全部って……十一、十二、十三……十五錠もあるじゃない！　こんなの飲んで、まずいことにならない？」

「心臓に持病は？」

「え、ないけど……」

「なら大丈夫。持病持ちの高齢者でない限り、滅多なことはないさ。さ、飲んで飲んで。この世のものとは思えないほど、気持ちいいセックスがしたいんだろ？」

ここまできたら、アタシももう覚悟を決めるしかないじゃない？

アタシは彼に言われたとおり、ゆっくり五分間をかけて全部の錠剤を順番に飲んでいって、そのあとで服を脱いで全裸になり、彼もいっしょにベッドの上に並んで横たわった。彼は彼で、どうやら精力剤的なものを水で飲み下してたわ。

そしてそのまま十分ほどが経った頃、アタシのカラダに何やら異変が起こってきた。それまで痛くも痒くもなかったのが、徐々に全身が熱く火照りだし、心臓の鼓動も速まって……汗がどっと噴き出して……！

「……あ、ああん……な、なんかアタシ、カラダがヘン……」

「ふふ、始まったな。でもまだまだほんのさわりだ。本当にすごくなるのは、これからだからな。……どれ、そろそろ始まるかな？」

一平はそう言うと、アタシの乳首に指を触れてきた。

するとその瞬間、文字どおり電流のような衝撃が全身を走って……！

「ひあっ！　……あ、ああっ……んふぅ〜〜〜〜〜〜っ！」

乳首から始まってまたたく間に全身を走り抜けた痺れるような衝撃は、そのまま消えることなく肌の上に居座ると、そこらじゅうをとてつもなく敏感なスポットに変えていって……そう、たとえるなら、まるで全身隅々まで性感帯に変えられてしまったような、信じられない感覚……！

「んあっ……な、なんか、カラダじゅうが……ズキズキうずいてくるぅ……」

「うん、いい反応だ。順調に全身マ○コ化してるよ。試しに……ほら、こうされると、どう……？」

そう言って、一平の舌がベロンとアタシの乳首をねぶってきて……、

「ひぃっ！　ひ、ひあ、あ……んあぁぁ〜〜〜〜〜〜っ！」
マ、マジ⁉　乳首舐められるだけで、なんでこんな気持ちいいのぉ⁉　こ、こんなの初めてぇっ！
「ほらほら、これはどう？　これは？　そら、こっちはどうだ？」

続けて一平は、乳首を舐めながら、アタシの腕を、鎖骨を、脇腹を、太腿を、お尻を……と、そこらじゅう手で撫で回し、揉みしだき、こね回したりしてきて……そうされると、ほんと、まるでそこらじゅう全部がマ○コになったみたいにビクビク気持ちよくてたまらなくなっちゃって……！

「あひっ、ひぃっ、んあっ……あうぅ、うっ、んくっ……っあぁぁ〜〜〜！」

「うわぁ、すっごい、もうマ○コどろどろのグチャグチャだ！　ほら、シーツがおもらししたみたいにぐちょ濡れになっちゃって……もう早くコレ、マ○コに突っ込んでほしくてしょーがなくなっちゃってるんじゃない？」

「ああん、ほしい！　ほしいの！　チ○ポ、オマ○コに突っ込んでぇ〜〜〜！」

興奮に加えて精力剤の影響か、一平のソレは信じられないくらい大きく隆々とそそり立ち、亀頭ははちきれんばかりにパンパンに膨れ、太いサオにはうねるように力強

く血管が浮き立って……アタシはそれを握って力任せに引っ張ると、マ○コに向かってぐいぐいと導いてた。そしてその先端がヌプリ、とぬかるんだ淫らな柔肉をとらえた瞬間、さっきの乳首から全身へ拡がったソレとは比べものにならないくらいの想像を絶するカイカンの大爆発が巻き起こり、まるでインランな業火が全身を舐め尽くさんばかりの勢いで拡がってってった。

「んあっ、あっ、あ、ああ……死ぬ、死んじゃう、あん、あ、ああ！」

「うう～っ、こっちもいいぜぇっ！　ううっ、出るっ！　……ああ、でも全然萎えないよ……ほら、続けて抜かずの二発目いくぜぇっ！」

「んああっ！　もっといっぱい……どんどんきてぇっ！　はぁっ、あっ……！」

結局、アタシは六、七回は絶頂に達し、彼も続けざまに四回は射精したんじゃないかしら？　さすがにそのあと、たっぷり三十分以上、アタシも彼もぐったりして動けなかったけどね。いやもう、大満足！

なんでもあとで聞いたところによると、彼は某製薬会社に勤める一流の開発研究者で、密かに自分でオリジナルのED治療薬や媚薬を開発しては闇で商い、たまにこうやって自ら使って楽しんだりしているらしい。

忘れられない経験って、まさにこの日のことね。

■二人とも興奮のるつぼと化し、私のま○汁は止めどもなく溢れ出てきて……

お取り寄せエッチで快感ステイホームを満喫する私

投稿者 内川妃奈子（仮名）／32歳／専業主婦

世界的に広がった怖い感染症のせいで、安易な外出もままならなくなってしまいました。家に篭る生活は当然、もう数年続いています。

それは私だけじゃなく、みんなもそうなのだから我慢するしかありません。たぶん多くの主婦がそうしているように、有料テレビチャンネルで韓国ドラマを見まくったり、ネット通販のお取り寄せなどをしてステイホームを楽しんでいる毎日です。特にネットのお買い物は便利ですよね、最近では食材だけではなく、洋服だってバッグだってアクセサリーだってネット購入です。しかしながら皮肉にも夫の仕事は長距離トラックのドライバーなので、そんな物流大盛況の状況下、忙しすぎて満足に休みも取れないという有様。そのせいで、この半年は完全にセックスレス夫婦……。

ハッキリ言って私は欲求不満が頂点に達しています！

と、そこで、私、イイこと思いついちゃいました。

このご時世なんだから、浮気男をお取り寄せするってのもアリですよね？

私は早速、匿名の掲示板で探してみました、するとわりと簡単に『セフレ派遣（男女どちらにも対応）』という裏サイトに辿り着くことができたのです。

私はさっそく好みの年下の男を物色し、ウチまで来てもらうことにしました。

ピンポ〜ン……！

「は〜い！」

約束の時間ピッタリにやってきた園田義彦（仮名）は、玄関上がるなり律義に『ワクチン2回接種証明書』を差し出してきたので、「ありがとう、こっちは私のです」と私も自分の接種証明書を見せました。義彦は「出がけに熱を計ったら三十六・一度だったけど、ここでも計ろうか？」と、これまた律義です。私はついクスッと笑ってしまいました。「ううん、大丈夫大丈夫、でも手はしっかり洗ってね」

私は洗面所に義彦を連れて行きました。義彦は電車を乗り継いできて汗もかいたので、シャワーを浴びてもいいかと訊ねました。「もちろん。どうぞ」こんなこともあろうかと、私はお客さん用のバスタオルとフェイスタオルを用意していたのです。私もつい十五分前にシャワーを済ませたところだったので、まるでラブホに入った若い恋人同士のようだわ、と思いました。

サイトで義彦を選んだ理由は、まぁまぁのルックスと逞しい体つきでしたが、実際の彼は画像よりもっとガタイがいいのです、白い不織布マスクで顔が半分隠れてるけど、これまた実物のほうが格段に良いんです。それはもう、まるで宝くじ買って当選したような、お得な気持ちになりました。

さて、それから十五分後、感染症対策をバッチリしたところで、私たちはベッドインしました。マスクを外した義彦は私の首筋に唇を押し当て舌で舐め始めました。「んん……」唾液を十分にからませた舌はいやらしい音をさせながら、首から、やがておっぱいを這い始めました。「やん……いい……ハァハァ……」義彦の左手の指が私の右のおっぱいの先っぽをグリグリ摘まみ……「感度、いいね。もうおいしそうな干しブドウが固くなってきた……」「いやん……」義彦はその手の動きはやめずに、左の乳首を舌でからませたり吸ったりしました。

「ああ〜〜〜……いい〜〜、これ、好きなのぉ〜〜」多くの女性がそうであるように、私も乳首を舐められるとそれだけでイキそうになるのです。義彦もその辺りのことはわかっているようで、「もう……やめて」と言っても、乳首をいじめることをやめてくれませんでした。まぁ私も本気でやめてほしいとは思っていないんですけどね（笑）。

やがて乳首をいじってた手は私の下半身へと這っていきます。私の茂みを捉え、ぐちょぐちょに濡れている秘穴の入り口を撫で始めました。

「はぁっ……はぁっ！」

「ここ、見ていい？」私の答えも待たずに義彦は私の股間に顔をうずめました。

「すご～い、奥さんのま○こ。生きてる赤貝みたい～～、ヒクヒクして、グロくてキモかわいい～～」「いやぁ～～ん、やめてぇ～～……！」

義彦はクリトリスを舌の先でツンツンしながら、私が感じている顔をマジマジと見てくるのです。

「あああぁ～～、こんなにいいの……他にはないわよ～～～！」

私は淫乱女丸出しで腰を激しく振り始めました。

「おおっと、腰を振るのはまだ早いぜ」

言うなり、ズボズボと義彦のハガネの肉棒が私の秘穴に入ってきました。

「うわぁ～～、あああああ～～～！」

「うっ、うっ……あうっ……気持ちいいぜぇ～～」

「私も……ハッハッ……イイ……わ、イイわぁ」

「もっとキュ～ッと締めてくれよぉ……」

「こう？」言われたとおり、お尻の穴をすぼませると、

「ぐおぉぉぉぉ〜〜〜〜〜！　し……締まってるぜぇ、ま○こがぁ〜〜」

そのままバツンバツンと激しくピストン運動が繰り返され、二人とも興奮のるつぼと化し、私のま○汁は止めどもなく溢れ出てきます。義彦の鉄の棒も信じられないくらいの固さと熱をもって、私の秘穴を刺激しまくるのです。私はポルノ女優さながらに大股を開き、腰を高々と宙に浮かせました。すると肉棒が狙いすましたように私のGスポットを捉えました。

「ひぃ〜〜〜〜〜！　……もっとぉ〜〜もっとぉ〜〜〜！」

「ううっ……このままイッちゃいそうだ……よ……」

「いいわ、中出しして！　私も一緒にイキ……イキ……」

「おおおおお〜〜〜、出るぞ、出るぞ〜〜〜〜〜……！」

バスンバスンバスンバスン……！

「イクイク〜〜〜〜〜〜！」

「俺もぉ〜〜〜、出るぞ〜〜〜っ！」

「ひぃ〜〜〜〜〜〜！」

激しく腰を振りまくった挙句、私たちは一緒に果てました。

「ふぁ〜〜〜……」義彦は私から体を離し、仰向けに寝っ転がりました。同時に義彦の放った白いドロドロ液が、私の秘穴から流れ出てきました。

「大丈夫、今日、ちゃんと安全日だから」

そう言いながらティッシュペーパーで拭き取ると、

「俺、こう見えても絶倫なんだぜ。二十分後には、またビンビンに勃起するから」

義彦はそう言い、私はフフフと笑いながら、その時を楽しみに待つことにしました。

ほんと、アッチの相性抜群の男と出会えて良かった〜〜！

お取り寄せエッチ、最高です！

■彼女はそのまま正常位の体勢になると、私の胸を揉みしだきながら腰を突き動かし……

犯し犯され、女同士の超強烈快感に目覚めてしまった私

投稿者 住吉瑠衣子（仮名）／24歳／看護師

ついこの間、とある新任のナースの家に泊まりに行ったときのことです。私、まさかあんな目にあうなんて、思いもしませんでした。

女が、女に犯されるだなんて……。

彼女の名は梨花さんといい、私より二つ年上の二十六歳。先日、産休に入った香澄の代替要員として同じ部署に配属されてきたのですが、私と彼女は初対面の時点から妙にウマが合い、すぐに仲良くなりました。そしてその後、うまい具合にちょうど非番の日が重なるということで、彼女からその前日の夜、ひとり暮らしのマンションの部屋に泊まりに来ないかと誘われたんです。いっしょにお酒を飲もうって。

そのことを夫に話すと、快く了承してくれました。

「人見知りの瑠衣子にしては珍しいな。いいよ、行っといで。一晩楽しく飲んで、よりいい友達になれるといいね」

夫はその晩は、隣りの市にある自分の実家に泊まりに行ってくれるとのことで。私は心おきなく梨花さんの誘いに応じられることになったのです。

そして当日、夕方の七時頃いっしょに仕事を上がった私と梨花さんは、二人でスーパーに行って食事やつまみなどの買い出しをしたあと、八時半頃彼女のマンションに着きました。ビールやワインは十分買い置きがあるとのことでした。

いよいよ楽しい酒盛が始まり、私と梨花さんはさしつさされつしながら、いろんな話に花を咲かせ、わいわいと盛り上がりましたが、その中で私が「カレシさんはいるんですか？」と水を向けると、彼女は急に口が重くなってしまい、あちゃー、まずいこと聞いちゃったかなー？　と、ヒヤッとしてしまいました。でも梨花さんはとてもスタイルのいいスレンダー美女で、きっと男性からモテモテに違いないと思っていた私は、正直かなり意外な思いでした。

「まあね……いろいろあって、今はカレシはいないわ」

それでも梨花さんが明るい笑顔でそう言ってくれたので、私は一安心して、それから気を取り直したように再びグラスをあわせました。

そしてその後も二人でさんざん飲んだあと、気がつくと時刻は夜中の一時を回っていました。さすがの私もベロンベロンでしたが、梨花さんのほうは相当強いのか、平然としているように見えました。でも、どこか雰囲気がさっきまでの梨花さんとは違うような……目が据わってる……？

いや、そうじゃない……それはもっと正しい言い方をすれば、獲物を狙う『女豹』の目……？

そう感じた瞬間、それはもう理屈じゃなく、私の中の本能が叫びました。

『ヤバイ、逃げろ！　襲われるぞっ！』

女が女を襲うってどういうこと？

身の危険には違いないけど、ケガをさせられるとか、命を狙われるとか……そういうのじゃない。

これは……そう、貞操の危機だ！

私の感じた危機感が、さらに正確な輪郭をもって迫ってきました。

梨花さんは私に覆いかぶさり、そのままカーペット敷きの床の上に押し倒してきたのです。そして服の上から私のカラダをまさぐり回しながら、激しくむさぼるように唇を重ね、舌をからめ吸ってきました。

「……ん、んんっ……んあぁっ！　な、なにっ、梨花さんっ……!?　い、いやよっ……やめてぇっ……！」

私はそう叫んで、無我夢中で拒絶の叫びをあげましたが、それがさらに彼女の欲望のテンションに火をつけてしまったようでした。

「瑠衣子さんっ……あなたのことが好きなのっ！　あなたを抱きたいの！　ねえっ、いいでしょ⁉」

梨花さんは一気に服を引きむしり、私を全裸に剥いてしまいました。そして息せき切って自分も服を脱いで、モデル並みのスレンダーボディをあらわにすると、予想外の力強さで、私のちょいポチャボディにからみついてきました。白くて柔らかい豊満な胸が、彼女の筋肉質の体に押しひしゃげられ、揉みくちゃにされてしまいます。

「んあっ……梨花さんっ、い、痛いっ！　そんな乱暴にされたらっ……いやっ！」

でも、そんな私の抵抗の叫びが猛った情欲をさらに煽ってしまうようで……次に彼女がとった行動に愕然としてしまいました。

梨花さんは部屋の隅、手を伸ばせば届くところにあった衣装ケースを開けると、中からおもむろにあるものを取り出してきて……なんとそれは、巨大なペニス状のバイブレーターだったのです！　そしてカチリとスイッチを入れると、ヴィンヴィンと異音を発しながら妖しくうねり震えだしたソレを、私の剥き出しの股間にグイグイと押しつけ、えぐろうとしてきて！

「あぁっ！　い、痛いっ！　だめっ、やめてぇっ！　お願い、梨花さんっ……！」

驚愕と衝撃に打ちのめされたまま、まだ濡れるどころではない私のソコは激痛に悲鳴をあげるばかりでしたが、何かに取りつかれたように一心不乱に責め続ける梨花さんを思いとどまらせることはなく、彼女のバイブによるえぐり立ては、さらに激しさを増すばかりでした。

「ああっ、瑠衣子さんっ！　好きよっ、好きなのっ！」

「んあぁっ……やあっ、梨花さん～っ……んはっ、あ、ああ……」

すると、それまで苦痛しか感じることのなかった私のソコに、徐々に変化が表れてくるのがわかりました。いつしかぬめりのある体液が分泌され、それが無理やりの摩擦の抵抗を軽減させると、苦痛に代わって甘い感覚がうごめきだし……それは着実に私の性感中枢に快感を生じさせていったのです。

「……あ、あん……んっ、んん、んふぅ……」

甘くかすれたその声音の響きを、梨花さんが聞き洩らすはずがありませんでした。

「瑠衣子さん、気持ちいいのね⁉　感じてくれてるのね？　ああ、嬉しいっ！　もっと……もっともっとヨガってぇっ！」

梨花さんは感極まったようにそう叫ぶと、がぜん力強く、私のアソコへのバイブのえぐり立てを激しくしてきました。ズボッ、ジュブッ、ズプッ、ジュボボッ……今やすっかり濡れ乱れたソコが発するあられもない湿音がこれでもかと響き渡り、それに煽られるように私の意識も甘くとろけていきました。

「あ、ああっ……あひっ、んあぁ、あ……くはぁっ……」

「ああん、瑠衣子さん、いいのね？　感じるのね？　嬉しいっ！　あ、あたしも昂ってきちゃった……ねえ、あたしたち、一つになりましょっ？」

そう言って、梨花さんが次に取り出してきたのは、なんと左右の先端が両方ともペニスの亀頭状になった、いわゆる『双頭バイブ』というものでした。これなら一本で二人の女が愉しめるのです。

梨花さんはその一端をまず自分のアソコの中に埋めると、その反対の先端を私の中に挿入してきて……私たちはついに一つにつながったのでした。

「あ、ああっ……は、はぁっ……」

「いいわぁ、瑠衣子さん……あなたの全身の脈動が伝わってくるみたいっ……」

梨花さんはそのまま正常位の体勢になると、私の胸を揉みしだきながら腰を突き動かし、ピストン行為を繰り出してきました。見た目はまるで私が一方的に犯されているようですが、その実、一突きするたびに梨花さんのアソコのほうも深々とえぐられているわけで、双方が同時に犯し、犯されている……それはいわば異次元の快感とでもいうべきものでした。

「あ、あああっ……す、すごい、梨花さん……こ、こんなの……私、おかしくなっちゃうよ～～～～～～っ！」

「ああっ、あ、あたしもっ……き、気持ちよすぎる～～～～～っ！」

結局このあと、私たちは明け方の五時近くまで、犯し合い、舐め合い、啜り合い……オンナ同士の快感の粋を極めまくったのでした。

後に聞いたところでは、梨花さんはレズビアンというよりもバイセクシャルで、その時々で気に入った相手であれば、男でも女でも構わないという性的嗜好の人のようでした。

ただ、逆に私のほうとしては、あまりに強烈なレズＳＥＸ快感を味わわされてしまったがゆえに、しばらくは夫とのエッチにテンションが上がりそうにありません。

ほんと、瑠衣子さんってば、罪な人ですよね～？

■大家さんは私のあらわになった恥ずかしい肉唇にしゃぶりついてきて……

アパート大家さんと家賃を巡って『直接』肉体交渉に臨んで

投稿者 結城真帆（仮名）／27歳／パート

私と夫が暮らしているのは、都内の端っこ、いわゆる川向こうのゴミゴミと家々が密集した下町の住宅街。そこに建つ、今どきこんな古いアパートがあるのかと目を疑うほどにボロい木造の賃貸住宅……風呂ナシの六畳一間の部屋で身を寄せ合うようにして暮らしています。

それというのも昨年、コロナ禍の煽りを受けて夫の会社が倒産、満足な退職金など払ってもらえるわけもなく……どうにかその後再就職先を見つけたものの、給料はほぼ半減、私も精いっぱいパート仕事で支えているものの、やはり生活は苦しく、この、月二万八千円という今どき破格の家賃の住まいしか、もう選択肢がないほど追い詰められてしまったからです。

でも、その後も生活は苦しくなるばかりで、もうあと一歩で自己破産するしかないという局面に陥ったとき、私はある決心をしました。

大家さんに家賃を待ってくれるよう、『直接』交渉しよう。

実はこのアパート、下町ならではといえるかもしれませんが、現在大勢を占める大手の不動産チェーンではなく、小さな個人の不動産屋さんが管理していて、そこの社長さんと大家さんが個人的に親しいということで、私たちの窮状を聞いた社長さんが大家さんに事情を話し、特別に敷金も礼金もゼロにしてくれたという経緯があったんです。そして、不動産屋さんの諸経費削減の意味合いもあって、家賃は月々の月末にこちらが直接、大家さんに現金で払いに行くということになりました。

だからそのとき、交渉する余地があるのではと思ったんです。

しかも私には勝算がありました。

大家の佐藤勝重さん（仮名）は、五年前に奥さんに先立たれ、二人のお子さんたちも自立しており、今現在、アパートに隣接する自宅で一人暮らしなのですが、その六十七歳という年齢に似合わず、まだまだお盛んなようで……月に一回、私が家賃を払いに行ったときはもちろん、たまに道端で会ったときなんかも、それこそ欲望丸出しのギラギラ潤んだ目で、私の全身を上から下まで舐め回すように見てくるんです。

その目はまちがいなく、私とやりたがっていました。

だから、この自分の肉体を交渉材料にすれば、きっと何とかなるはず……と。

そんなわけで、月末の平日の昼下がり、私は覚悟を決めて大家さん宅を訪ねました。いわゆる『不退転の決意』で、あえてお金は一銭も持参しませんでした。

いつもの応接間、ガラスのローテーブルを挟んで黒皮のソファに座り、大家さんと向かい合った私でしたが、いざとなるとなかなか言葉が出てきませんでした。目線を下に向けてモジモジと無言でいる私に、いつものように淫らな視線をからませつつ、とうとう大家さんが痺れを切らして水を向けてきました。

「どうしたの、結城さん？　どこか具合でも悪いの？」

「……あ、あのっ……！」

「……うん？」

私はついに口を開きました。

「家賃を払うお金がないんです……カ、カラダで……払わせてもらえませんか⁉」

「……え、ええっ⁉」

さすがに驚いたようで、大家さんは一瞬固まってしまいましたが、すぐにその表情を嬉しそうに蕩けさせると、席を立ってローテーブルを回り込み、私の隣りに腰かけてきました。そして、そっと肩に手を回すと、

「結城さん、本気で言ってる？　あとから無理やりヤられたなんてちゃぶ台返しはナ

シだよ……？」

　と言い、改めて間近で私の目を覗き込むようにしてきました。

「そんなことしません。今でも十分、私も夫も大家さんには感謝しているんです。だからこの際、もしもできるなら、もっと助けてもらえないかなって……」

　その目をまっすぐに見つめ返しながら、私が真摯な口調でそう言うと、ようやく納得してくれたようでした。

「……そうか、わかったよ。もちろん、私としては断る理由なんてない。たぶん気づいてるんじゃないかと思うけど、私はずっと結城さん……いや、奥さんのことが好きで、そのカラダを抱きたくて仕方なかったんだよ」

「ええ、わかってました。……家賃のこと、融通してくれるのなら、好きにしてくださってけっこうです」

　私はそう言うと、自らシャツのボタンを外し始めました。そして脱いだそれを脇に置くと、今度はブラジャーのホックに手をかけて……。

「う、うおっ……なんてきれいで大きくて……見事なおっぱいなんだ！　ああ、ナマで見られるなんて、本当に夢のようだぁ！」

　ぷるんとまろび出た私のナマ豊乳を見てそう言うや否や、大家さんは息を荒げながらそれにむしゃぶりついてきました。丸い乳房がひしゃげつぶれるほどに力強く鷲摑み揉み立てながら、乳首に吸いつき、レロレロベチョベチョと直径五センチはある乳輪を舐め回してきました。

「あっ、ああっ……あふぅ……！」

「うう～、奥さんのおっぱい、おいしいよ～～っ！　はぁはぁはぁ……奥さんも気持ちいいのかい？　ほらほら、こんなに乳首を立てちゃって……」

「あ、ああっ……き、気持ちいいですぅ……大家さん、とっても上手ぅ……」

あながちお世辞でもなく、本気で快感を覚え始めていた私がそう言って喘ぐと、

「おお、そうかそうか！　じゃあ今度は奥さんのオマ○コ、舐めさせてくれるかい？」

大家さんは心から嬉しそうにそう言い、私のジーンズを脱がせ、パンティも剝ぎ取るや否や、あらわになった恥ずかしい肉唇にしゃぶりついてきました。じゅるじゅる、れろれろ、ぬじゅぬじゅ、ぺちゃぺちゃ……その舌戯は想像以上に巧みで激しく、クリトリスと肉びらをこれでもかと攻められ、ドロドロに乱れ蕩けさせられた私は、もはや本来の目的も忘れて、全身を覆っていく喜悦の大波に揺られ、翻弄され……、

「あっ、ああっ……いいっ、大家さん、とってもいいわぁっ！　感じるぅ……あはっ、あ、あひっ……イクイク、イッちゃうぅ～～～っ！」

「ああ、いいよ、イッちゃいなさい！　ほらっ、ほらほらぁっ！」

「あ、あ、あ、あああああ〜〜〜〜〜〜〜っ！」

そして私が最初の絶頂を迎えたあと、いよいよ大家さんが服を脱ぎ、全身で覆いかぶさってきました。さすがにその肉体は醜く老いさらばえていましたが、驚くことに肉棒だけは隆々とたくましく勃起し、年齢を感じさせない迫力を発していました。

そしてそれを思いきり突き立てられたとき、私は子宮に届かんばかりの快感に喘ぎ、悶え……炸裂するような喜悦の渦に呑み込まれていました。

「あっ、ああっ……す、すごいっ……大家さん、またイッちゃう……あ、ああっ……す、すごいのがきちゃう……あひぃぃ〜〜〜〜〜〜〜〜〜〜っ！」

「うぐぅ……奥さん、こっちも最高だぁ〜〜〜〜〜〜〜っ！」

さすがに大家さんの射精量は多くはありませんでしたが、大満足してくれたようで、なんと向こう三ヶ月分の家賃をタダにしてくれるということで、私の『直接交渉』はこれ以上ないほどの成果をあげることができたんです。

まあ、その先もまた、再交渉が必要になるかとは思いますが。

それはそれで、あまりイヤじゃない私なのでした。

第四章

タブーの悦楽に酔って

■天井のくすんだ照明の下、穴を覗き込むと、そこにはすでに勃起した男性器が……

真夜中の公衆トイレで淫靡な見せ合い遊戯に耽って！

投稿者 結城ひとみ（仮名）／26歳／OL

最初のきっかけは、小学校一年生のときだった。

私は近所の幼なじみの浩太くんの家に遊びに行っていて、まあまあのマセガキだった私は、無性に浩太くんのオチン○ンが見たくなり、お互いに見せ合いっこする遊びに誘った。お風呂でいつも見てるお父さんのは、毛がいっぱい生えててなんだか気持ち悪いけど、同い歳の浩太くんのはどうなんだろう？ そう思って。

もじもじしながら見せてくれた浩太くんのそれは、お父さんのとは似ても似つかないもので、気持ち悪くはないかわりに大して面白いものでもなかったけど、それよりも自分でびっくりしたのは、浩太くんにオマ○コを見てもらうことで感じた、なんとも言えない興奮と悦びの感情だった。浩太くんのほうは私と同じで、私のを見てもすごくつまらなさそうだったけど、私は彼に見られることで、心臓はバクバク、アソコはズキズキ……さすがにまだ『濡れる』ということはなかったけど、そのとき感じた限りなくそれに近い肉体的昂りを、今でも忘れることができない。

このときの体験を手始めにその後、私は自分の密かで特殊なセクシャリティを徐々に開花させていった。

中二のとき、初めてちゃんと男女交際した翔平くんと、彼の部屋でお互いの性器を触り合いっこしたけど、彼のぎこちない愛撫で感じるよりも、ただ彼に見られながら自分でいじくりたくて仕方なくて……。

高二のとき、ロストヴァージンした相手の部活の先輩には、初めて自分の願いを正直に伝えて……私のアソコを、いや、私がオナニーでアソコをいじくる姿を見てもらった。最初は言われたとおり、ひたすらじっと私の痴態を凝視していた先輩だったけど、「あっ……はぁ、はぁ……あぁ、はぁ……ん……」昂っていく私の喘ぎを聞きながら、どうにも辛抱たまらなくなったらしく、自分でもモノをしごきだしたっけ。

このときの興奮体験が決定的だった。

私は普通のセックス以上に、自らのオナニー姿をさらし誰かに見てもらい、さらにその誰かが私の痴態を見ながら、たまらず自慰行為してしまうというシチュエーションに、異常なまでに感じてしまうようになったのだ。

その後、何人かの男性とつきあい、それなりに自身のオナニー露出癖ともいえる性癖を尊重してもらってのセックスを愉しんだものだけど、最後の最後で私は大失敗をしでかしてしまった。

大学を卒業して就職した会社で出会った、同期の雅人さんのことを一目ぼれともいえる勢いで好きになり、猛アプローチの末に彼女にしてもらい、そこからわずか三ヶ月という速さでスピード結婚してしまったのだけど……。

彼は、私の性的嗜好を決して受け入れてはくれなかった。

最初から雅人さんがとても真面目な人だということはわかっていたし、だからこそ好きになったともいえるのだけど……彼も私のことを愛してくれているのなら、はじめは抵抗があるかもしれないけど、いずれ多少は異常ともいえる私の欲求を受け入れてくれるはず……そう思っていたのだが……甘かった。

彼は頑なに私の望むプレイを拒み、あくまで夫婦間のセックスは常識の範囲内でしか営んではくれず……その状況は、もうそろそろ結婚三年目を迎えようとしている今になっても、まったく揺らぐことはなかった。

雅人さんの名誉のために言っておくと、彼は夫としては理想的ともいえる相手だ。真面目でやさしくて、かっこよくて、出世の見込み大。子供はまだいないけど、いずれ生まれたら、これまた理想的なパパになることだろう。私は、だから決して離婚はしない……しないだろうけど、一方で耐えられない自分がいた。

誰かにオマ○コを、オナニーを見られ、その挙句マスをかかれる、あの至高の興奮と快感……誰か、誰でもいいから、それを私に味わわせて欲しい！

もうずっと抑え込んできた、狂おしいまでの生身の欲求を発散しないことには、心もカラダも爆発してしまいそうで……。

私はとうとう、行動に出た。

インターネットで『異常』『性的嗜好』『完全会員制』……などといったキーワードを打ち込んで検索した末に、とうとう見つけた怪しげだけど、完全匿名制のとある出会い系サイトで自分の秘めた欲求をぶちまけ、誰かそれに応えてくれる相手はいないかと募ったのだ。

すぐさま三人の男性から反応があったが、中の一人がどうやらわりと近くに住んでいるようで、こんな具体的な提案をしてきてくれた。

「○○町の××公園内の公衆トイレ。そこには個室トイレが二つあって、その二つを隔てる仕切り壁にはなぜかポッカリと直径十センチ大の穴が開いています。六月三十日の夜十時、それぞれの個室で会いましょう。その穴を通して、あなたの恥ずかしい姿、たっぷりと見てあげますよ」

これを読んだだけで、正直、私はアソコを濡らしてしまっていた。

六月三十日といえば、あともうわずか一週間後。

それとなく夫に適当な理由をつけて予定を聞くと、「ああ、その日はたしか九州出張が入ってたな。帰れるのは翌日だよ」との答え。

決まった。

その日から、私はあえて自分にオナニーを禁じた。

こうなったら、夫との結婚以来、ずっと抑えつけられたままの秘めた欲求を、極限ギリギリまで溜め込んだ挙句、六月三十日の念願の機会に、一気かつ爆発的に発散・解消したいと思ったから。

そして当日の夜十時。私はいそいそと指定された場所の公園へと向かった。

周囲は閑静な住宅街で治安的には安心できつつ、一方の公園内は暗く人気もなく誰かに見とがめられる心配もほとんどないという、理想的な環境。

ドキドキと高鳴る鼓動を胸に、くだんの公衆トイレに足を踏み入れると、たしかに個室トイレが二つ並んでいた。すでにそのうちの一つは中から施錠されていた。

あ、もう向こうは来てるんだ……！

がぜん、胸の鼓動はさらに速まり、私は昂りのあまりもつれそうになる足をなんとか運びつつ、その隣りの個室へと踏み入れ、こちらも内鍵を施錠した。そしてふと隣りとの仕切り壁に目をやると……。

穴が……あった。

そして、天井のくすんだ照明の光の下、その向こう側を覗き込むと、そこにはすでに勃起した男性器が、手で支えられる格好で待機していた。そして言う。

「待ってたよ。あなたのことを思って、ほら、もうこんなにビンビンだ」

低音で耳に心地いい声が私の耳朶を妖しく震わせ……でも、私のほうは興奮のあまりか声が出てこず、向こうと同じように便座の上に腰を下ろすと、もどかしげにパンツと下着を足首まで引き下ろした。

そして体をねじってパックリと開いた股間を穴のほうに向けると、一心不乱にオナニーを始めた。クリトリスを押しつぶすようにこね回し、あっという間に濡れてしまったいやらしいヒダヒダを掻き回し、肉穴の奥まで抜き差しして。

「おおっ、すげぇ！　トロトロに蕩けたエロマ〇コ……ビチャビチャ、クチュクチュと啼きながら汁垂れ流して……最高にスケベな眺めだよ！」

「……んあっ、はっ、ああ……くはっ、あふっ……くぅっ！」

向こうの声にノセられ、煽られて、私の指はもう止まらない。溢れ昂るエクスタシーが、もう止まらない。これよ、これが欲しかったのよっ！

「ううっ、あなたのがエロすぎて、俺のももうこんなにっ……ああ、だめだ、こっちもイッちゃいそうだよ……くっ、んんぅ……！」

その言葉を受けて向こうを見やると、たしかに男性器の先端から少なくない量の先走り液が溢れ出し、亀頭全体をヌラヌラと濡らし、光らせていた。その光景に私の淫らテンションはさらに煽られ、一気に性感が爆発してしまう。

「ああっ、はっ……んあぁ、ひぃっ……か、感じすぎるぅ〜〜〜っ！」

もう狂ったように指の抜き差しが速まり、止まらない！

向こうの手淫のしごきも目にもとまらぬ速さになってる！

「うっ、うううう……だ、だめだっ！　イ、イクッ……！」

「あはっ、あ、ああ……あ、あああ！　んあぁぁぁあぁぁっ！」

次の瞬間、私たちはほぼ同時にフィニッシュを迎えていた。

失神しそうなほどの絶頂の悦楽と、至高の陶酔の余韻の中、私は自分が、完全にこの秘密の出会いプレイの虜になってしまったことを悟っていた……。

■私は彼の白い太腿の間、そこだけ茶色っぽく黒ずみ直立した肉茎を咥え込み……

己の欲情のままに悩める美少年生徒を淫らに味わって！

投稿者 白山美久（仮名）／34歳／教師

某私立高校で、英語の教師をしています。夫は市立の中学で数学を教えています。子供はいません。

先日、教師にあるまじき行いをしてしまいました。

その日は土曜で、私は休日出勤をして、その週に行った小テストの採点作業を行っていました。他に出勤している教師はいないようでした。

作業もだいぶ終盤に近づいてきて、私はラストスパートとばかりに赤ペンを操る指先にも力が入ってきたところでした。

「あの……先生、ちょっといいですか……？」

職員室の入り口でそう呼ぶ声がしたので目をやると、私が授業を受け持っているクラスのFくん（高二）でした。色白で細面の美少年の彼は女子生徒からの人気も高い子でしたが、本人はまだあまり恋愛に興味はないようで……そんなところが逆に私的には好感度の高い、お気に入りの生徒の一人でした。もちろん、英語の成績も決して悪くはありませんでしたが。

「あら、Fくん、どうしたの？　いいわよ、何？」

その返事に従って入室し、私の席のところまでやってきたFくんでしたが、いきなり泣きだしたので、びっくりしてしまいました。

「え、え、え……何、何、何っ？　なんで急に泣くの⁉」

とりあえず隣りの席に座らせて、わけを話すよう促すと、その内容は衝撃的なものでした。なんと実はFくん、つい最近、自分がゲイであり、男性しか愛せない人間であることを自覚したらしいのですが、それを踏まえて、前から気になる存在だったサッカー部のSくんに思いきって愛の告白をしたというのです。

ええっ、いきなり？　と、私は話のなりゆきに危惧しましたが、すると案の定、Sくんからはけんもほろろに「変態！　気持ち悪い！」と拒絶され、Fくんはいたく傷ついてしまったのでした。

「先生、僕、気持ち悪いですか？　変態なんでしょうか？」

涙ながらにそう言うFくんのことが、私はかわいそうでたまらなくなってしまい、その肩をやさしく抱き、慰めの言葉をかけました。

「ううん、全然そんなことないよ。日本ではまだまだ広まってないけど、世界的には性の多様性なんて、もう常識中の常識だからね。Ｓくんもそのうちわかってくれると は思うけど、まあ、そんな古臭い頭の奴のことなんか早く忘れて、きみのことをわかってくれる別のいい相手を探しなよ。先生は応援するよ！」

「……で、でもっ……う、ううっ……」

とは言え、まだまだ精神的ショックが大きく、現実を受け止められないらしく、Ｆくんの嗚咽は止まりません。そんな彼を見るにつけ、私はかわいそうで、そしてますます愛おしくてたまらなくなってきてしまいました。

そして自分でも驚くべき行動を起こしてしまったのです。

なんと、彼の顔を自分のほうに向けさせると、その唇にキスをしていたんです。

「……せ、せん……せい……？」

驚いた表情のＦくんに、私は言いました。

「もちろん、あなた、まだ経験はない……チェリーくんよね？　どうかしら、一度まずは女の人を経験してみない？　男だけって自分で自分のセクシュアリティを限定してしまうんじゃなくて、身をもって性の多様性を体験してみると、もっと視野が開けると思うんだ。ね？　先生が協力してあげるから」

「で、でも……っ……」

Fくんはためらっているようでしたが、私の勢いはもう止まりません。実は、口では偉そうなことを言っておきながら、ホンネのところは今この泣いて打ちひしがれているFくんの、可憐な色気にすっかり欲情してしまい、彼とエッチがしたくてたまらないだけの、とんだ淫乱教師と化してしまっていたから……。

「大丈夫、大丈夫！　ね、先生にまかせて！」

私は念のため職員室の内鍵をかけると、席に戻ってきてFくんを立たせ、部屋の隅にある来客用のソファセットのほうへと導きました。そして衣替えをしたばかりの彼の白いワイシャツのボタンを外していき、前をはだけました。すると、美しい色白の肌にピンク色のかわいい乳首が鮮やかに浮き立ち、そのあまりの色っぽさに、私はますます欲望を昂らせてしまいました。

「ああ、Fくん、かわいいわあ……」

私はその乳首に唇を寄せ、チュウッと吸い、舌先でチロチロと舐め転がしました。

「……あ、ああ、せんせい……あんっ……」

彼のせつなく甘い喘ぎ声が耳を撫で、私も自分の乳首がツンとしびれ張ってくるのを感じました。自分も服を脱ぎ、ブラを外していました。

「ああ、Fくん……先生のオッパイも舐めて……」

私がそう言うと、彼は一瞬躊躇したもののすぐに従い、その小さくてかわいい唇で私の乳首をとらえ、ついばむように吸ってきました。

「あ、ああっ……いい、いいわあ……あ、あん……」

私は彼の口戯のぎこちなさが、逆にまたたまらなく気持ちよくて、感じ悶えながら手を伸ばし、ブルーの学生ズボンの上から股間をまさぐりました。すると、彼自体のイメージとは違って意外にもたくましいこわばりが感じられ、私は淫らに高揚してしまいました。そのままチャックを下ろして前を開くと、下着の中に手を突っ込んで皮を剥いてあげて、シュコシュコとこすってあげました。途端に先端から粘ついた液が滲み出して私の手を汚し、思わずそれを舐め味わってしまいました。

「ああん、Fくんのエッチなお汁、おいしいわあ……今度は直接先生が舐めてあげる」

私は舌なめずりしながら言うと完全に彼の下半身を裸に剥いてしまい、白い太腿の間、そこだけ茶色っぽく黒ずみ直立した肉茎をカプリと咥え込むと、ジュブジュブとしゃぶってあげました。

「あ、ああっ！　せ、先生っ……そ、そんなことっ……あっ、あうう……！」

さすがにいきなりの生フェラは刺激が強すぎたのか、Fくんはあっという間にピュッ、ドピュッ！　と精を放ってしまいました。

「うふふ、いっぱい出たね。でも、本番はこれからよ。もう一回立たせてあげるから、今度はコレを先生のココに入れてね」

私は自分の濡れた股間を指差しながらそう言うと、再びFくん自身を咥え込みしゃぶって……するとまたすぐにムクムクと回復したので、仰向けに寝かせた彼の上にまたがり、騎乗位で自分の肉孔に呑み込んでいきました。

「あ、あああっ……せ、先生っ……熱くてヌルヌルしてますぅ……！」

「んっ……はぁっ！　どう？　オマ○コいいでしょっ？　あ、ああっ！」

私は彼の上で激しく腰を振ってイキ果てると、そのあとすぐに達した彼の二発目を外に出させてあげました。

ほぼまったく自分の欲情のままにやってしまった行為でしたが、意外なことにFくんもこれで何かが吹っ切れたようで、その後元気を取り戻し、新しい恋人探しに邁進しているようです。今では、結果的に教師として正しいふるまいをしたのかもと思うようになっている私なのです。

■マスターは下から突き出した自分のオチン○ンを私に挿入しようとしてきて……

カウンターの中でマスターと合体した禁断のバイトH！

投稿者　渡瀬美憂（仮名）／23歳／アルバイト

去年、とび職をしてる同い歳のテルくんと結婚したんだけど、彼はまだまだ見習い期間中ってことで、お給料もとっても安い。なもんで私も働かないわけにはいかなくて、二カ月前からカフェでバイトを始めたの。

そこはオシャレな内装はステキなんだけど、カウンター四席と四人掛けのテーブル席二つしかない極セマ店舗で、従業員は常駐してるマスターに、私ともう一人のバイトの女の子の全部で三人だけ。朝九時の開店から夜八時の閉店まで（日曜休業）、マスターは通しで、そして私ともう一人の子で日替わりでシフトを組んで、ギリギリの人員で切り盛りしてる感じ。

で、このマスターなんだけど、今三十九歳のまあまあのオヤジなくせに（いや、だからこそかな？）とんでもないエロ肉食獣なのね。

もう勤務初日からセクハラモード全開で、「へ～、人妻なの～？　こんな若くてかわいいのにね～……ふ～ん」とか、「ダンナはとび職？　じゃあさぞたくましくて、アッチのほうも強いんだろうね～？」とか、「そのおっきな胸、何センチあるの？　九十？　まさか一〇〇？」……な～んて言いたい放題！　もう一人の子のほうはどうやらあんまり好みじゃないらしく、もっぱら被害を受けるのは私のほうだけ。

でも正直、私そーゆーの、それほど嫌いじゃない。

ってゆーか……好き？

だって、ちょっとくらいのセクハラ受けてこそ、女として魅力あるってことじゃない？　ある意味ちやほやされてるってことで、私、なんだか嬉しいくらい。まあ、あまりにも嫌いなタイプから言われるのは、さすがにカンベンだけど、マスターはちょっとオダギ〇ジョーみたいで、まあまあカッコイイし。

私ってば、「やだぁ、やめてくださいよ～！」なんて、それほどイヤじゃなさそうな感じで適当に受け流しつつ、楽しく働いてたワケ。

そんなある日のこと。

それまでは口先だけで、一度も直接手を触れてこなかったマスターが、とうとう一線を越えて私にエロ仕掛けしてきたの！

私の出勤日の午後二時すぎ。

忙しいランチタイムも終わって、これから夕方の五時くらいまで客足も鈍る、まったりタイムに突入という頃合い。

「ああ、やっと落ち着いたな～。じゃあ、美憂ちゃん、俺ちょっとこれから一時間ばかり仮眠タイムに入るから、一人でお店回してて」

とマスターに言われた私、

「は～い、了解でーす。どうぞごゆっくりー」

もう馴れたものでそう気軽に応えると、狭いカウンター裏の下部、お客さんたちからは見えない位置に腰を下ろし、壁に背中をもたれさせて目を閉じたマスターを見下ろしたわ。まあ、ほとんど私の足元って場所だけど。

と、そのとき、二人連れのOL風のお客さんが入店してきてテーブル席に座ったので、私は「いらっしゃいませー」と言いながら接客しオーダーを聞き、それを用意するためにカウンター内に戻ったんだけど、注文を受けたスペシャルブレンドを二杯いれていたところ、なんだか下半身に妙な感触が……？

「えっ⁉」と思って首をひねって見下ろすと、なんとマスターがジーンズ越しに私のお尻を撫で回してるじゃないの！　しかも、これ以上ないほどスケベなニヤニヤ笑いを浮かべながら……。

（ちょっと、さすがにそれはダメですって！　やめてくださいよお！）

私は思いっきり声をひそめてそう文句を言ったんだけど、マスターってば全然やめる気配なし。それどころか、私の前のほうに手を回してジーンズのジッパーを下げようとしてくる始末。私はサッとその手を振り払うと、出来上がった二杯のコーヒーをテーブル席へと運んでいった。

さあ、続いてあともう一点の注文品の野菜サンドイッチを作らなきゃ、とカウンターに戻って調理を始めると、マスターはまた性懲りもなく手を出してきて……さっきの続きとばかりに今度こそジーンズのジッパーを下げられ、そこからパンティをこじ開けられると、隙間からアソコに指を入れられちゃって……！

「……っ、んっ……ぐっ、うう………」

当然まだ濡れてもいないソコに無理やりねじ込まれたものだから、私はズキズキする鈍い痛みに精いっぱい声を抑えて喘ぎつつ、でもそのうちそのイヤラシイ動きに反応してきちゃって……、

「んはっ、あ、あん……くぅ……だ、だめ、マスター……」

と、思わず甘ったるい声が出ちゃう。

するとその声が聞こえちゃったらしく、二人のお客さんがヘンな顔してこっちのほ

うを見てきて、私も必死で声を抑えざるを得ない。

も～っ、ほんと、マスターったら……憎たらし～～～！

早く野菜サンド作って持って行かなくちゃ、と焦るのだけど、マスターの指の動きは激しく、深くなる一方で、私はますます感じつつ、そこはすっかり濡れちゃってるものだから、ジュク、ヌチャ、ジュブブ……と、恥ずかしすぎる音を発し始めて！

あ、ヤバ……こんな音が聞こえたら、どうしよう……？

そんな心配をしながらも、もうちょっとで調理完了という段になったとき、マスターは今度はなんと首をもたげてソコを舐めてきた。

ペチャペチャ、ジュルジュル、チュウチュウ……あ、だめっ、イッちゃう……というう大ピンチをなんとか切り抜けて、私はようやく完成した野菜サンドをテーブル席に運んで……ふ～、やれやれ……。

なんて一安心してる場合なんかじゃなかった。

私がカウンター内に戻ると、いよいよマスターは禁断行為を本格化！　私のジーンズとパンティを膝までペロンとずり下げると、腰を持って三十センチほど私をしゃがませ、下から突き出した自分のオチン○ンを挿入しようとしてきたの！　もちろん、もう立派にビンビンに勃起させて。

だけどもう、私のほうも拒絶する意思なんてなかったわ。

まさかのお客さんの面前という狂ったシチュエーションの中での秘密の愛撫攻撃で、信じられないくらい感じ、興奮しちゃってた私は拒絶どころか、チ○ポ早くウェルカム状態！　自分からマスターのソレを握って狙いを定めると、グイグイ引っ張って濡れたオマ○コの中に導いて……！

「……んっ、んんく……ん、ん、ん……んふぅぅぅぅ……」

「はっ、はっ、はっ……」

ジュプ、ヌプ、ズブヌ、グプ……変形後背位ともいえる体位で下からマスターに突き上げられながら、私は必死で声を押し殺しつつ、どんどん高みに昇っていって……、

「………んっ！」

「〜〜〜〜〜〜〜〜〜〜〜〜〜〜〜〜〜〜っ！」

一声呻いてマスターが寸前で膣外射精した瞬間、私も……。

ようやく人心地ついて、お客さんのほうをちらっと見ると、あ〜あ、やっぱりなんか窺うような目線でこっち見てるよ〜。ヤバい、ヤバい。

でも、クセになりそうなスリリング快感だったわ〜！

■二人の若オスが次々とマミコのアソコを肉棒で犯し始め、一人イキ、二人イキ……

リベンジ輪姦レイプ、まさかのミイラ取りがミイラ!?

投稿者　芹沢香里奈（仮名）／29歳／パート

とっても許せない女がいたんです。

去年、子供の小学校で同じＰＴＡ役員をやってたマミコって女。

私より三つも年上のババアのくせして、あの女ときたら……私が密かにお気に入りだった、ＰＴＡ副会長の祥太郎さんといい仲になっちゃって！　場末の小汚いホテルから、二人が腕を組んで出てくるところを見たっていう人がいたんですよ。

くそーっ！

いつか私が落としてやろうと思ってたのに～っ！

ほんと悔しくて、三日ほどはまともに夜も眠れないくらいだったわ……。

で今年、晴れて私も役員任期が明けて、そんな悔しい気持ちをリセットする意味合いも兼ねて、近くのスーパーでパート勤めを始めたんです。私、元々要領もいいほうだったもんだから仕事にもすぐに慣れ、仲良しのパート仲間もでき、出入りの業者さんなんかとも親しくなって、それはそれは楽しく働いてたんです。

と・こ・ろ・が……！

なんとそこへ、あのマミコが、新入りパートとして入ってきたんです！

いやもう、寝た子を起こすとはこのことですよ〜！

もうきれいさっぱりリセットしたはずだった、マミコに対する恨みががぜん再燃し、なんとかして懲らしめてやらないことには、気がすまなくなっちゃったんです！

そしてすぐに思い浮かんだのは……下半身の恨みは下半身で！

そこで私はあれこれと計略を練り、協力者を募り……ある日とうとう、マミコへのリベンジ大作戦を敢行したんです。

最大のキモとなる中心的協力者は、食肉卸会社のドライバーのKさん。三十五歳という男盛りのうえ、たくましいガタイを誇るワイルドなイケメン。

さらに他に、そのKさんの子分的な二十代の若い後輩社員たちが二人。

この計三人の男たちに、マミコの奴をメチャクチャにしてもらおうというわけです。

私はその日はシフトに入っておらず、計画実行の午後五時半に合わせて、密かに職場にやってきました。子供が塾から帰ってくるのは八時すぎなので、充分間に合うように帰れる計算でした。他の誰にも見られないようにバックヤードの備品倉庫の一番奥のほうまで向かった私は、あらかじめ決められた物陰に身を潜めました。

そして待つこと数分。

ほぼ予定した時間どおりに、Kさんとマミコがそこにやってきました。そしてそのあとを追うように、二人の若い連中がマミコに気づかれないようにこっそりと……。

あ、ちなみに私の計略とはこうです。

普段の仕事中のマミコの態度から、きっとKさんに気があるに違いないと踏んだ私は、虎の子のへそくりの中から大枚五万を奮発してKさんに渡し、マミコを誘惑してもらおうと……そしてまんまとそれに乗ったマミコを、普段ほとんど誰もやってこない倉庫奥に連れ込んだ挙句、Kさんとその子分二人に輪姦させ、私がその様子を動画に撮ることで弱みを握ってやろうと……そういう算段でした。

まあ実際にその動画を使って、脅迫とか、いやがらせとか、そんなことをするつもりはなかったけど、いつでもそうできるんだぞって思えば、気分もいいってもんじゃないですか……ね？

で、今のところこわいほど計略どおりに、ことが運んでいるということです。

お、とか言ってるうちに、Kさんがマミコの肩に腕を回し、耳元で何か囁き始めました。きっと何かエッチなことを吹き込まれているんでしょう。その内容に煽られつつ、同時に耳朶をKさんの熱い吐息でなぶられて、マミコがとろんとした目で身をくねらせ始めました。

いったい、何て言われてるんだろう？

一瞬、そう思った私の中でも、何やら熱くてモヤモヤしたものが生まれました。

そして重なる二人の唇、からみ合う舌。

クチュ、ニュチュ、チュ～、ジュルジュル、ヌチャア……。

静まり返った倉庫内に、いやらしく粘りつくような音が響き渡り……私はその様子をスマホで撮影しながら、ますます自らの昂りを感じていました。

ああ、Kさんのたくましい腕がマミコの制服にかかって……ボタンを外して、前をはだけて、ブラが見えて……あ、マミコったら意外と胸大きいじゃん！　あいつ、着やせするタイプなんだなあ。くそ、いいなあ……私、胸小さいからなあ。

息を呑んで見ていると、ついにKさんの手がブラを外してしまい、薄暗い倉庫内に、マミコの真っ白な乳房が鮮やかに浮かびあがりました。そしてそれをKさんの浅黒く分厚い手が、力強く、でも艶めかしく揉みしだいて……。

ああ、いいなあ……私もしてほしい……。

私はスマホを構えながら、無意識のうちに自分で自分の胸をまさぐって、ブラをずらすと、すでにピンと立った乳首をコリコリともてあそんでいました。

あ、ああん……いい……Kさぁん……！

そして今やもう二人は全裸になっていて、脱いだ自分たちの服を下敷きにした上に寝そべり、仰向けになったマミコの上に覆いかぶさったKさんが、チュパチュパと豊満な彼女の乳房を吸いしゃぶっていました。

「……あ、ああん……は、はぁ……」

精いっぱい抑えながらも、快感に堪えないマミコの甘いあえぎが聞こえてきます。と、そこへおもむろに、Kさんの若い二人の部下が乱入してきました。もちろんすでに二人とも全裸です。

何が起こったのかわからないマミコは驚愕し、うろたえ、大声をあげようと……したのですが、もう十分猛っている若い肉棒を突っ込まれ、口をふさがれてしまいました。もう一人の若いのも、マミコの脇にひざまずいて自分のモノを握らせると、ソレをしごくよう促しています。

そこへKさんが囁くように言うのが聞こえてきました。

「ふふふ、スケベ心起こして、のこのこついてきたのが運の尽きだったなあ、ん？あんたのこの死ぬほど恥ずかしいザマは、しっかり撮影してるからな……無駄な抵抗はやめたほうが身のためだぜ？」

　すると、なんとか口からチ○ポを外したマミコが、ようやく言いました。

「な、なんのために、こ、こんなこと……？」

「はは、そんなことは言えないけど……ま、あんたがどこかの誰かさんを怒らしちまったのは間違いないようだな……さ、くだらないおしゃべりはもう終わりだ」

　Kさんはそう言うと、筋肉質のたくましい体をグイッと起こし、いきり立った股間のモノをマミコの濡れたアソコにあてがうや否や、ズブリと挿入し、一気に激しく腰をピストンさせ始めました。

「……んあっ、んんぶっ、ぐうっ……んふっ、ふっ、うううう～～～！」

　すぐにまた口に若い肉棒を突っ込まれてしまったものだから、発声を封じられたものの、くぐもったあえぎを漏らしながら、マミコは悩ましく快感に悶えています。

　ああ、Kさんのたくましいオチン○ン……いいなあ……あたしも……欲しい……今やもう私のほうも昂りまくってしまい、さっきまで乳首をいじくっていた左手は、今度はパンツの中に突っ込まれ、濡れ乱れたアソコを掻き回しています。

　はぁ、はぁ、はぁ……んふ、うう、ぐうぅ……んあっ、はぁ、ああ……。

　なんだか、今向こうで犯されてるマミコと自分が一体化してしまっているような、そんな信じられない不思議な感覚……。

「……おうっ、う、ううう っ……！」

そしてついにKさんが大量の精液を放出すると、続いて二人の若オスが次々とマミコのアソコを肉棒で犯し始め、一人イキ、二人イキ……でも再び回復したKさんが二発目を射精して……マミコの白い豊満な肉体は、濁った白色の粘液で際限なく汚されていくようでした。

気がつくと、私も自分の指でイキ果てた挙句、そのただれた余韻で、ハァハァと肩で息をしていました。

でも……正直、物足りませんでした。

マミコが、Kさんから改めて口止めを念押しされて解放されたあと、私は待ってましたとばかりに彼ら三人のもとへと近づきました。

そして、狂おしいまでに懇願していたんです。

「私のことも……マミコみたいにメチャクチャに犯して！」

■挿入されてきた巨大な陰茎の肉感と動きに翻弄され、私はその快感に煽られ……

娘ムコが結婚した本当の目的は義母の私への欲望だった！

投稿者 熊切李由紀（仮名）／38歳／生保レディー

つい先日、まさかという出来事が起こってしまいました。今日はその、あられもない一部始終をお話ししたいと思います。

三ヶ月前、一人娘の理沙が結婚しました。私が若気の至りで十六歳のときに産んだ子ですから、今年で二十二歳になりますが、私に似ず真面目ないい子で、短大を出て就職した会社で知り合った隆介さん（二十七歳）と恋に落ち、またたく間にスピード結婚してしまった次第です。

ちなみに私は二十歳のときに離婚して以来、女手ひとつで理沙を育ててきたシングルマザーです。娘を無事嫁がせることができてホッとすると同時に、いわゆる空の巣症候群に陥ってしまったようで、娘がいなくなって一人ぼっちになった2ＤＫの賃貸マンションで、寂しさを噛みしめつつ、それを振り払うように保険外交の仕事にがむしゃらに打ち込むという日々でした。

そんな中、娘夫婦が久しぶりにうちに泊まりに来ることになりました。

私はもう嬉しくて嬉しくて、腕によりをかけて料理を作り、お酒をたっぷりと用意して二人を出迎えました。

土曜日の夜七時半頃から始まった三人の宴会は、飲んで食べてしゃべって笑って大いに盛り上がり、あっという間に三時間ほどが過ぎ、あまりアルコールに強くない娘は完全に酔いつぶれて眠ってしまいました。私と隆介さんはけっこういけるクチなので、それからしばらく二人でさしつさされつ杯を重ねていたのですが、そのうちさすがの私もかなりグロッキー状態になってしまいました。

「ああ、隆介さん……私、もう限界みたい……頭がクラクラする……」

すぐそこに理沙が寝っ転がっている脇で、ぐったりと壁に寄りかかりながら言うと、隆介さんが膝を擦ってそばにやって来て、

「お義母さん、それはいけませんね。僕が介抱してあげますよ」

などと言うので、私は慌てて、

「だ、大丈夫よお！　お気遣いなく。ちょっと横になってれば、そのうち落ち着くから……ね、心配しないで、隆介さん」

と、彼の好意を遠慮したのですが、なぜか彼は強硬に、

「いやいや、そんなことないでしょ。ほら、なんだか息苦しそうだ。今、少しでも楽になるようにしてあげますからね」

と言いながら、私のブラウスのボタンを外しにかかったのです。

私はうろたえつつ、ほんとに大丈夫だからと言って彼の行為を制止しようと思ったのですが、酔いの影響か体にまったく力が入らず……一つ、二つ、三つ……次々とボタンが外されていく様子を見やることしかできず、とうとうブラウスの前が完全にはだけられてしまったのです。

今の暑い季節、当然その下はブラジャーのみつけた状態で、八十五センチEカップのバストが、ギュッとブラに押し込められた様が丸出しになりました。

「あ、ああ……隆介さん、ちょっと、やめて……」

私は必死で、でも力なくそう言って抗おうとするものの、彼は、

「ああ、夢にまで見た、お義母さんの……」

と、まるで熱にうかされたように言いながら、まったく聞く耳持たず、ついにはブラに直接手をかけ、外してしまったのです。

歳のわりには張りを保ち、形の整った美しい乳房があらわになりました。

「ああ！　やっぱり……なんてすてきなオッパイなんだ！」

隆介さんは感極まったようにそう言い放つと、問答無用でむしゃぶりつき、乳房を揉みしだき、乳首に吸いついてチュバチュバと舐め啜ってきました。

「……あ、ああっ！　だ、だめよ、隆介さんっ……！」

力なく上ずった、私の声が虚しく響きます。

日々、保険のセールスのためにあちこち駆け回り、体を動かしているせいでしょうか。私、歳のわりには無駄なぜい肉がなく、全身のプロポーションも均整がとれていて……よく魅力的だと、男性のお客さんから口説かれることも少なくなかったのですが、まさかこれは、娘ムコにまでロックオンされていたということでしょうか？

「……あ、ああ、はぁ……ほんとにやめて、隆介くん……もしも理沙が起きて、こんなところ見られたりしたら……！」

「大丈夫ですよ、お義母さん。こいつ、こうなったら、ちょっとやそっとじゃ起きやしない。どれだけヨガって大声あげても大丈夫ですよ」

彼はみなぎる欲望に目をらんらんと輝かせながらそう言い、さらに私の服を脱がせにかかり、とうとう全裸にされてしまいました。

そしてもちろん、彼も自分で服を脱いでいって……いよいよ眼前に突き付けられた、太さ五センチ、全長二十センチはあろうかという巨大な勃起陰茎に、私は圧倒される思いでした。それは脅威でありながら、でも同時に、本当に久方ぶりに目の当たりにする、生身の男性器の暴力的なまでの魅力に対する感動でもあって……。

そう、私はあろうことか、娘ムコに対して欲情してしまっていたのです。義理とはいえ息子です。なのに私は……ほら、アソコが濡れてきてしまってる……。

「お義母さん、今だから白状しますけどね、僕、ほんとは理沙と結婚するつもりなんてなかったんですよ。そう、ただの遊び相手にすぎなかった。ところが、あいつにどうしてもと頼まれてお義母さんに会った瞬間から、すべてが変わってしまった……」

「……あ、ああっ……んあっ……！」

膣に挿入されてきた巨大な陰茎の肉感と動きに翻弄され、その快感に煽られるせいで、まともに頭に入ってはきませんでしたが、彼が一連の経緯を説明しています。

「んっ、んっ、んっ……はぁ、はぁ、はぁ……どっかのお笑い芸人じゃないけど、僕の本当の女性の好みは、お義母さんみたいな熟女なんですよ。でも、たしかに結婚するには難しいものがありますよね……でも、もしその身内になれたとしたら……？」

えっ、ええっ……!?

「そう、僕が理沙と結婚した本当の目的は、こうやってお義母さんと愛し合うことだったんですよ！　あ〜っ……いいっ、締まるっ……！」

「はひ、ひぃ……あ、あうっ……んあっ、はぁっ……ああっ！」

そ、そんなっ……そんなことってある？　わ、私、母親として、あの子にどうやって顔向けすればいいのっ……⁉

「く～～っ……た、たまんない、この爛熟したオマ○コ……チ○ポがとろけちゃいそうだ……ああ、お義母さん、サ、サイコーです～～～っ！」

いろんな複雑な思いと葛藤が、良心の呵責と羞恥心が、頭の中に渦巻き、嵐のように吹き荒れましたが、それも一瞬のことでした。私はシングルマザーとしてがんばるため、ずっと密かに身中に抑え込み、溜め込んでいた女としての欲望に呑み込まれ、官能を炸裂させてしまって……！

「あ、ああっ……イ、イクッ……し、死んじゃう～～っ！　あ、あああああ！」

「お義母さん、ぼ、僕も……中で、中で出しますよっ！」

「え、ええっ⁉　……あ、あひっ……ひ、ひあ～～～～～～っ！」

私は隆介くんの熱いほとばしりを胎内で受け止めながら、信じられないくらい激しい絶頂を迎えていました。

私たち、この先いったいどうなってしまうのでしょうか？

■なんと課長は制服の上から胸を揉みしだきながら、股間をグリグリと私のお尻に……

図書館の片隅で欲望をむさぼり合う私と課長の禁断タイム

投稿者　草薙真知子（仮名）／27歳／図書館司書

某市の市立図書館で司書として働いています。

この仕事柄からもわかるとおり、私は昔から本を読むのが大好きで、どちらかといえば内向的。同世代の派手な遊びやファッションに熱中する子たちとは裏腹な青春を送ってきました。もちろん恋愛にも消極的で、今の夫も公務員の父から部下の男性を紹介されてつきあいだしたという、なかばお見合い結婚のようなもので、お互いに真面目な者同士、粛々と夫婦生活を送っているというかんじです。

それなのに、なぜ、こんなことになってしまったんだろう？

こんな……淫らに汚れきった女になってしまったんだろう？

昨年の春の異動で、サービス課に所属する私の新しい上司として、桜井課長（三十五歳）がやってきました。好き嫌いはおいておき、前の課長が明るくおしゃべりな性格で、丸々と太ったメタボ体形な人だったのとは正反対に、この桜井課長は物静かでクールな雰囲気、かつ長身&スリムな、パッと見、大河ドラマなんかにも出ていた俳優の長谷川○己を思わせるシュッとしたタイプの人でした。

もともと、関西人のようなうるさいタイプの人間が苦手だった私としては、その静かで落ち着いた印象に自分と似たようなものを感じ、少なからずシンパシーを抱いたのを覚えています。

そう、最初は……。

でも、そのあとイヤというほど知ることになる、桜井課長という人間の本当の中身は、そんな私が勝手に抱いたものとは似ても似つかないものだったのです。

まず最初の過ちは、桜井課長が赴任してきて一週間後に課内で催された歓迎会のとき。近場の居酒屋での酒宴がお開きになったあと、三々五々帰っていく他の皆を尻目に、私は課長からサシで飲みに誘われました。

さっきまでの酒席の彼の隣りで話し、その深い日本文学への愛情と造詣に触れて少なからず感銘を受けていた私は、純粋にもっとその話を聞きたいと欲し、何の抵抗もなく誘いに応じていました。

ところがそれが、とんだ大まちがいだったのです。

二人で小さなＢＡＲに入って飲んだあと、酔って足元もおぼつかなくなった私は彼にホテルに連れ込まれ……犯されました。

「ああ、草薙さん……理知的でしとやかで、きれいで、きみは僕の理想の女性だ。その辺のゲスでバカな女どもとは大ちがいだ」

「え、そんな……私なんて……」

桜井課長の思わぬ言葉に驚きうろたえつつ、でも一方で私は、長年抱いていた『地味でさえない本好きのメガネ女』という自身のコンプレックスを、逆に魅力として認めてもらえたような喜びに包まれ、陶酔し、さしたる抵抗もなく桜井課長の誘惑を受け入れてしまったのです。

ベッドの上で私は服を脱がされ、まるで今風ではない地味なブラジャーとパンティを剝ぎ取られました。課長は私の裸の胸をやさしく揉みしだき、乳首を舐め転がしながら、甘く囁くような声で言いました。

「ああ、大きくて真っ白で柔らかくて……なんて素敵なオッパイなんだ。まるで宝物みたいだよ……」

「あ、ああん……」

読書好きの地味でさえない女子だった私としては、逆に自己嫌悪の対象でしかなかった大きな胸を褒められ、私は嬉しくて、ますます陶酔し、昂っていきました。そして股間の秘部を愛撫され濃厚に舐められ、トロトロに熱くほぐされた末に、そのスリムな体形には似つかわしくない、桜井課長の牛乳瓶ほどもあるのではないかと思われる極太の男根で刺し貫かれたのです。

「……あ、ああん！　は、はぁ……あっ、あっ、あああっ！」

「はっ、はっ、はっ、はっ……おお、いいよ、キュウキュウ締まってからみついてくる！　最高のオマ〇コだっ！」

淫らに荒ぶりながら、そんなあけすけな物言いをする課長に一瞬の違和感を覚えましたが、それも次々と押し寄せてくるエクスタシーの波に呑み込まれるうちにどこかへと飛び去ってしまい……私はメス犬のように乱れ狂い、あられもなくイキ果ててしまっていました。

それは、週に一回、判で押したように義務的に執り行われる、夫とのおよそ盛り上がりに欠ける夫婦の営みとは比べようもなく熱烈で魅力的な感覚で……私は、正常位で挿入していた課長がフィニッシュした瞬間、なんと膣外射精された大量の精液が乳房まで飛んできたその信じられない勢いを受け止めながら、かつて感じたことのない恍惚感に没入していたのです。

そしてそれから、私の堕落の日々が始まりました。

初めて体を重ねた歓迎会の夜から四日後の火曜日の午後二時頃、人文系書籍の書棚の前で返却された本の戻し入れ作業をしていた私のところに、ツカツカと桜井課長が近づいてきました。

「あ、お疲れさまです」

自然に声をかけた私でしたが、それに対する課長の行動に愕然としました。

なんと課長は、本で両手がふさがった私の背後からピタリと体を寄せると、手を前方に回して制服のスーツの上から胸を揉みしだきながら、自らの股間をグリグリと私のお尻に押しつけてきたのです。しかも、それはもうすでに勃起していました。

「！　……ちょ、ちょっと、課長！　何してるんですか、こんなところで……ほんのすぐ向こうには利用客の皆さんがいるんですよ？」

私は精一杯声を抑えながら課長の狼藉を非難しましたが、その反応にまったく臆したものはありませんでした。

「ふふふ……それがいいんじゃないか。この、一歩まちがえばあられもない姿を見られてしまうかもしれないスリリングな興奮！　ああ、たまらないなあ……」

と、臆するどころか、私の言葉にさらに煽られたかのように息遣いを荒くし、耳朶を舐めんばかりの勢いで囁き叫んでくるのです。

「……そ、そんなっ……あ、ダメ、ダメです。課長……ああ……」

理性では当然、こんな行為、すぐにやめなければと焦るものの、カラダのほうは否応もなく反応してしまい……背後から伝わってくる課長の熱く硬い昂りに、カラダの芯のほうまでたぎらせてしまっている自分がいました。荒々しく揉みしだかれる胸は当然、ブラジャーの下で淫らな熱を持ち、突き立った乳首は布地に激しくこすれて痛みすら感じるほど。そして股間はまたたく間に愛液を溢れさせ、はしたないほどぐっしょりとパンティを濡らしてしまっています。

「……あ、ああ……課長……！」

「う、うう……草薙さんっ……入れちゃうから……いいね？」

「あ、課長っ！　……だ、だ……め……っ！」

スカートがめくられ、ストッキングごとパンティが引き下げられると、後ろからヌプリと肉塊が入り込んできました。そして、ゆっくり、ゆっくりと抜き差しを始めて。

「……んっ、んん……んぐっ……んあっ、はぁ……」

「はっ、はっ、はっ、はっ……」

私はその掟破りの性交の快感に抗えず、息を詰めてよがりながらも、周囲を窺いましたが、幸い、平日の今のこの時間帯はもっとも利用客が少なく、誰からも気づかれる心配はなさそうでした。きっと課長はそのことも計算ずくだったのでしょう。

「はぁはぁはぁ……いいんだろ？　感じてるんだろ？　もっと声出していいんだよ？　いくらこの時間帯でも、大声で喘げば当然、誰かに気づかれちゃうけど……それもまた、興奮ものじゃないか……うん？」

そう言いながら腰を打ちつける桜井課長は、悪魔でした。

そして、それを受け入れながら身をくねらす私は、最低の淫乱です。

あ、あたしってこんな女だったの……⁉

思わぬ形で己の本性を暴かれてしまった私でしたが、それはある種、言いようのない解放感に満たされたものでした。『地味でさえないメガネの読書好き女』には望めない、自由に溢れた感覚……。

そうして私と桜井課長は、今日も人知れず図書館の片隅で快感をむさぼり、私は淫らに汚れきった己を蔑みながらも、まぎれもない自由を謳歌しているのです。

■熱い感情を爆発させた私は彼の首っ玉にかじりつき、その袈裟と着物を脱がせて……

亡き舅の仏前で僧侶とまぐあう私は罰当たりな淫ら嫁

投稿者　清水貴子（仮名）／30歳／専業主婦

私は今の夫と結婚し、彼の実家に嫁いでから今年で三年になります。

それからいろいろなことがありました。

嫁いで半年後に、私を本当の娘のように可愛がってくれたやさしい舅が病気で急逝し、それからほどなくして私は妊娠したものの流産してしまい、昨年には会社の業績悪化を受けて夫がリストラされ（その後なんとか、まあまあの条件の新たな勤めに就くことができましたが）……そんなふうに、私が嫁いできてから次々と不幸が続いたものですから、姑はまるで私を疫病神を見るような目で接するようになり、当初は決して悪くない嫁姑関係だったのが、いつしか双方の間には、まともな会話のない、冷たくギスギスした空気が漂うようになってしまったのです。

そして、そんな私たちの険悪な関係性に恐れをなし、『触らぬ神に祟りなし』とばかりに、夫は外泊する頻度が増え、すっかり家に寄り付かなくなってしまいました。

きっと外に女ができたのだと思います。私はもう一度妊娠したいと願っているのですが、これじゃあいつまで経っても無理ですよね。

そんな日々の中、私は恋をしてしまいました。

なんと相手は、僧侶です。

舅が亡くなってから、姑はお墓のある菩提寺にお願いし、舅の月命日には住職さんに家までお経をあげに来てもらっていました。ところがその後その住職さんが体調を崩し、ある程度回復するまでということで、やむなくまだ修行中ではあるものの、僧侶の資格を持つ息子の繁之さん（二十八歳）が代理で読経に来てくれることになったのですが……その繁之さんに、私は……。

とはいうものの、毎月一回の月命日の読経には、姑と私が揃って同席し仏前でお勤めするので、私と繁之さんが二人きりで話しができるような、ましてや私の想いを伝えられるようなチャンスなどあるわけもなく、私は悶々とした気持ちを抱えつつも、ほとんどあきらめの境地で彼の姿を目で追うばかりでした。

ところが今年最初の月命日の日、思わぬ事態が起こりました。

姑の仲のいい友達が交通事故で急逝し、急遽、姑がその通夜と告別式に出席するために一泊で出かけねばならなくなったのです。姑の中に大切な『月命日』を別日に代替するなどという思考は微塵もないらしく、私は一人で繁之さんをお迎えし、彼とともにきちんと読経しお勤めをするよう、きつく仰せつかったのです。

繁之さんと私が……二人きりになる……！

私は夜遅い電車で発つ姑を見送ったあと、例によって外泊で夫のいない一人きりの家で、どうしようもなく気持ちが昂って眠れない夜を送りながら、繁之さんがやって来る日の朝を迎えました。

この千載一遇のチャンス、私は思いきって彼に自分の気持ちを伝えるの？

それとも人妻としての貞操観念を守って、ぐっと想いを呑み込むの？

狂おしいまでの葛藤に苛まれ、気持ちが固まらないままに、とうとう私は繁之さんをお出迎えすることになりました。

ラフな私服でスクーターに乗ってやってきた彼は、家に上がったあと、お勤め用の僧侶の着物に着替え、袈裟を身に着けました。

「そうですか、お義母さんは今、長野に……承知しました。では貴子さん、今日はお一人でお勤めのほう、何卒よろしくお願いいたします」

そう言うと繁之さんは仏壇の扉を開けてお線香を焚くと、私が用意した座布団の上に正座し、低く通りのいい声で読経を始めました。私もそのすぐ真後ろに同じく正座し、およそ二十分間、目を閉じ数珠を手にして彼と合わせ、いつしか概ね覚えてしまったお経を唱えました。

正直、その間も私の心中は、例の葛藤に激しく揺れ動いていたのですが……そして、お勤めが終わりました。結局、私は気持ちを決めきれないまま、(ああ、やっぱりこの想いを伝えるなんて無理ね……これはずっと私の胸の内に秘めて……)と、せつない諦念を抱きながら、繁之さんにお茶を用意すべく、台所に立とうとしました。

ところが、珍しく正座で足が痺れてしまっていた私は、その場で大きくよろめき(いつもはこんなことないのですが、やはり想像以上に緊張してしまっていたのでしょう)、なんと繁之さんに向かって倒れかかってしまったんです。

「キャッ！　……あ、ああっ、ごめんなさいっ！」

私は正座した彼にしがみつき、体を支えながら、必死で体勢を整えようとしましたが、痺れきってしまった足は思うように制御できず、彼の上で無様にジタバタあがくという醜態をさらしてしまい……顔が燃えるように赤面していくのがわかります。

するとそのとき、思いもよらないことが起こりました。

「ああっ……た、貴子さんっ……！」

喘ぐようにそう言った繁之さんが、私の体を抱きすくめるようにしながら顔を伏せ、唇を重ねてきたんです。

「……んんっ、んぐぅ……うっ、ううう～～～～～」

私は目を白黒させながら動揺しましたが、もちろんイヤなわけはなく、いつの間にか唇を割って入り込んできた彼の舌に口内を舐め回され、舌を吸われるままに任せ、とろんと陶酔の境地に陥っていきました。彼が身にまとっている独特のお香の香りが鼻をくすぐり、ますます形容しがたい世界に没入していくようです。

そして、ようやく唇を離した繁之さんが言いました。

「貴子さん、あなたのことが好きだった……ずっとこうしたかったんだ！　あなたも、もちろん同じ気持ちだよね？」

私たち、まさかの相思相愛だったんです！

でも、彼にだって奥さんがいます。そのことを言うと、

「あいつは、県内有数の大きなお寺の娘で……うちの寺の先々の展開を見越した上での父の思惑あってこそ……いわば政略結婚みたいなものなんです。そこに愛なんてありゃしない」

それを聞いて私は驚きつつも納得し、同時に一気に気持ちが昂ってきました。

『そこに愛なんてありゃしない』

わ、私も…………！

私の愛も夫じゃなく……あなた、繁之さんのほうにしかないわ！

「ああん、私も！　私もあなたのことが大好きよぉっ！」

熱い感情を爆発させた私は、今度は自分から彼の首っ玉にかじりつき、その袈裟と着物を脱がせにかかりました。ツルツルとして光沢のある袈裟は脱がせるのに一苦労でしたが、彼のほうも私の服に手をかけ、お互いに必死で体を剝き合って……とうとう全裸になった私たちは、仏壇の真ん前でからみ合い、むさぼり合い始めました。

（ああ、お義父さん、ごめんなさい……こんな不実な嫁で……でも、しょうがないんです！　あ、あたし、寂しくて仕方ないんですっ！）

私は心の中で何度も亡き舅に詫びながら、繁之さんに向けてあられもなく体を開き、その熱い肉の昂りを、しっとりと湿った股間の茂みで受け入れていました。

「あ、ああん……あ、あぁぁ……し、繁之さんっ……」

「……んうっ……た、貴子さんっ……！」

女性顔負けに色白だけど、固く引き締まった茂之さんのたくましいお尻が激しく上下動するのを眺めながら、それがもたらす力強く甘美な衝撃に身をわななかせ、悶えうめいてしまう私。肉棒を抜き差ししながら、時折彼が顔を伏せて私の白い乳房を、薄紅色の乳首を舐め吸ってくると、輪をかけて禁断の悦楽が弾けます。

「ひあっ！　……あ、ああっ……んあぁぁぁ〜〜〜〜〜っ！」

いよいよ極限の境地が迫ってきました。

繁之さんの肉棒も、私の中でこれ以上ないほど膨張し、抜き差しの速度もがぜん勢いを増してきて……！

「ああっ、貴子さん！　いい、いいよ！　も、もう出そうだ……いいかい？　あなたの中で出してもいいかい？」

「あ、ああっ……出して！　繁之さんの熱くて濃いヤツいっぱい、私の中に思いっきり注ぎ込んでぇぇ〜〜〜〜〜っ！」

次の瞬間、世界が真っ白に弾け飛び、私は絶頂の極みをたゆたっていました。肩で息をしていた彼がようやく落ち着いて身を離すと、私の乱れた肉唇からトロ〜リと濃厚な白濁液が流れ落ちてきました。

それは、罪深くも美しい眺めだったように思います。

■彼はたくましい胸筋を剝き出し、その圧力で私のナマ乳を押しつぶすように……

町内会役員仲間とのオキテ破りの食肉倉庫セックス

投稿者 今田翔子（仮名）／32歳／パート

さあ、持ち回りで今年は町内会の役員をやることになった私。夫は毎日、片道二時間かけて都心まで通勤している関係で完全グロッキー状態とあって、仕方なく妻の私がやらざるを得ないってゆーわけ。

ついては、年中行事のメーンイベントの一つである、町内夏祭り大会の季節がやってまいりました。今年は例の感染症による自粛の縛りもけっこうゆるまって、限りなく例年どおり普通に盛り上げていこうってことで……私を含めて役員の何人かで実行委員会を作って、何度か打ち合わせを重ねました。

すると、おかしなもので、最初の頃は他人行儀でそらぞらしかった役員間のお互いの関係性が、同じ一つの目標に向かってあれこれ協力してるうちに、だんだん緊密になっていって……そういえば、中・高のときの体育祭や文化祭のときなんかもそうだったよなー……と、ちょっと懐かしくも熱い気持ちになってきちゃったりして。

中でも、私とほぼタメで、精肉店を自営している新井さんとは、やたら気が合って特に親しくなっていったんです。新井さんは明るくほがらかな性格でとても話しやすく、いっしょに作業をしやすい人だったけど、ただ一つ私が苦手だったのが、彼、すごいマッチョだっていうこと。さすがお肉屋さんってかんじだけど、私、昔からムキムキの人があんまり好きじゃないのよね～……でも、そーゆー男性の常で、彼も世の女性はみんな、たくましいマッチョな男が好きだと思い込んでるフシがあって、何かっていうとTシャツの半ソデを破らんばかりにはみ出した太い二の腕を見せつけてこられた日にゃあ、思わず失笑ってかんじ？

ところが、そんな笑ってる場合じゃないことが起こっちゃった！

その日私は、最終的にある程度詰めた夏祭り大会の計画表をまとめて、新井さんのところに持っていったの。一応、同僚的存在の彼の了解をとってから、町内会長に提出しようと思って。

でも、携帯にかけても彼は出ず、営業時間を過ぎたお店の表は閉まっていて入れず……なんとか今夜のうちに用件を済ませたかった私は、食肉倉庫につながった裏口に回ったんです。それでドアのノブを回したらすんなりと開いたもので、「こんばんはー、ごめんくださーい！　町内会の今田ですー」って呼びかけながら屋内へ入ってってったんです。すると、暗い中、明かりがついている部屋があって、どうやらそれが特別にしつらえられた食肉倉庫だったようで、窓ガラスの向こうに新井さんの姿が見えたんです。ああ、よかった、いたいた。私はホッと一安心してガラスを叩いて彼に合図を送りました。「こんばんはー」って、大きく開けた口の形を見せながら。

すると、作業用の白衣姿の新井さんはにっこりと笑って、入ってくるように手招きしてきました。見ると、右手のほうにけっこう重厚な金属製の扉があり、私はそれを開けて倉庫内に入っていきました。

中には四～五個の巨大な牛肉の固まりが天井から吊るされていて、凍えるほどの寒さでした。そりゃ食肉倉庫だから、当たり前ですよね。

新井さんに来訪の意図を伝えると、「オッケー、じゃあ今晩中に見ておくから」と言って、私が持参した計画表を脇の事務机の上に置きました。

「うん、じゃあよろしくお願いしますねー」

私はそう言ってその場を去ろうとしました。

でも次の瞬間、ものすごい力で腕を摑まれ、私は彼のほうにグイッと引き寄せられてしまいました。そしてその分厚い胸筋できつく抱きすくめられて……！

「ちょ、ちょっと……何するんですか、新井さんっ……!?　大声出しますよ！」

私はそう言って必死で抵抗したんだけど、彼は、

「出せば？　でも、ここ完全防音だから、外の誰にも聞こえないよ。ムダな抵抗だと思うけどなー」

と、楽し気に言うばかり。『無駄な抵抗』って……じゃあやっぱり、こっちが抵抗せざるを得ないようなこと、これからやろうとしてるんじゃない！　くっそ～～、もう同志的間柄だとばかり思って、すっかり油断しちゃったよ～！

私は、夜中に女一人、大の男のところにノコノコ来てしまった甘さを後悔しましたが、後の祭りです（あ、ちなみに彼は今、奥さん・子供とは別居中。どうやら彼の度重なる浮気グセが原因らしい……ああ、ほんと私ってば、情報おそっ！）。

「えっ、携帯してくれたの？　ごめん、ここで仕事中だったもんで全然気がつかなかったよ。でも、だからこそ今こうやって、ここに来てくれてるんだよね？　携帯通じなくてラッキー～～～～！」

彼は目をらんらんと輝かせながら、私の服を剝き始めました。そのものすごい力に抵抗するどころではなく、私はどんどん肌を露出させられていき、あまりの寒さに体が震え始めました。

「あ、ああ……さむい……助けて……」

「大丈夫！　オレ、何回かやってるけど、この冷凍倉庫でやるエッチもなかなか乙なもんだぜ？　ああ、それにしてもほんと嬉しぃよ、前から好きだった今田さんが自分からオレの胸に飛び込んできてくれるなんて！」

おいおい、誰が自分から飛び込んだってぇ!?

私は彼のモノ言いに不満たらたらでしたが、そんなこと言ってる場合じゃありません。彼の超ゴツイ手でグシャグシャとナマ乳を揉まれながら、その丸太ん坊のような極太の太腿でグイグイと股間を押し込まれ……そのまま私を壁際まで追い込んだ彼は、手早く自分も白衣を脱ぐと、ガバッと裸のたくましい胸筋を剝き出し、その生々しい圧力で私のナマ乳を押しつぶすようにしてきました。

「……あっ、痛っ……ん、んんん、あ、ああ……」

すると、その分厚い彼の男乳からは燃えるような熱が送り込まれてきて、私の中に抗いがたい温かさと、信じられない官能の昂りが充満してきました。

「ほらほら、乳首がピンピンに固くしこってきた！　今田さん、気持ちいいんだね！オレも嬉しいよ！　見て見て、こいつも涙流して喜んでるよ！」

悶え呻きながら彼が指し示すほうを見ると、その股間から突き出し勃起した、信じられない大きさのペニスが、ギンギンにみなぎらせた亀頭の先端からダラダラと透明なしずくを溢れさせていました。

うっそ〜っ！　こ、こんなの入れようとしてるの⁉　だめだめ、裂けちゃう！

私はその暴力的なまでの巨根の威圧感におののきましたが、もちろん、本当に裂けるなどということはなく……ググッと挿入されてきたソレは、最初こそそれなりの苦痛をもたらしましたが、どんどん分泌されていった私のマン汁のぬめりのおかげで、徐々にい〜いかんじで肉ビラになじんでいって……最終的には至高のペインレス（無痛）ピストンが達成され、私はもうすっかり、その人間離れした巨根が醸し出す、超極上快感のトリコになってしまっていました。

「あ、ああん、ひっ、ひぃ……す、すごすぎる〜〜〜〜！」

「うおぉ〜〜〜〜、今田さんのオマ◯コ、サイコー〜〜〜〜〜〜〜〜！」

私がイキ果て、それに続いて新井さんも巨根を抜いて膣外射精しましたが、そのザーメンの量たるや、マジ馬並みのすごさでした（見たことないけど）。

すっかりその規格外のセックスの魅力にハマってしまった私……とりあえず、町内会の役員任期一年間の間は、彼とのつきあいが続きそうな予感？

人妻手記
こんな恥ずかしい私でもいいですか？
朝も昼も晩も……淫らで激しい異常性愛に溺れた女たち

２０２２年６月２０日　初版第一刷発行

発行人　後藤明信
発行所　株式会社　竹書房
〒102-0075　東京都千代田区三番町８－１
三番町東急ビル６Ｆ
email：info@takeshobo.co.jp
ホームページ：http://www.takeshobo.co.jp
印刷所　中央精版印刷株式会社
デザイン　株式会社　明昌堂
本文組版　ＩＤＲ